Im Sprachlabor und zu Hause

WIE GEHT'S?

An Introductory German Course

THIRD EDITION

Dieter Sevin
Vanderbilt University

◆

Ingrid Sevin

◆

Katrin T. Bean

Holt, Rinehart and Winston, Inc.

New York   Chicago   San Francisco
Philadelphia   Montreal   Toronto
London   Sydney   Tokyo

ISBN 0-03-008634-5

Printed in the United States of America

8 9 0 1 2   066   9 8 7 6 5 4 3 2 1

Holt, Rinehart and Winston, Inc.
The Dryden Press
Saunders College Publishing

C O N T E N T S

PREFACE

Im Sprachlabor und zu Hause is the laboratory manual and workbook
accompanying the third edition of *Wie geht's?*, a program for first-year
German. When the manual is used in conjunction with the laboratory tapes,
students can practice speaking, listening, and writing skills outside the
classroom.

Im Sprachlabor

Each *Schritt* und *Kapitel* in the manual begins with a laboratory section
which serves as a key to the tape program. Exercise directions, sample
responses, drawings and photos, and other materials necessary for the
performance of the laboratory exercises are given. Dotted lines (......)
signal that an oral response is required.

The tape session for each *Schritt* lasts 15 to 20 minutes. It consists of
the *Gespräche* found in *Wie geht's?*, a variation on the *Mündliche Übung*
drills, a pronunciation exercise, a short passage for listening
comprehension followed by questions, and a dictation.

For each *Kapitel*, two tape sessions are provided, each about 20 minutes in
length, with an additional optional 5 minutes for listening to the reading
text. Part One begins with the *Gespräche*, the short dialogues taken from
the textbook. Each dialogue is given a dramatic reading. The first
dialogue is repeated sentence by sentence with pauses for student
repetition. The second dialogue is read again, this time with the lines of
one character omitted; the student takes an active part in the dialogue by
reading the missing lines. Supplementary grammatical exercises follow,
each topic progressing from simple to more complex. All grammar exercises
are four-phased: after the task has been set and the student has given an
answer, the correct response is provided, followed by a pause so the
student can repeat it. The exercises follow the sequence of grammatical
presentation in the main text.

Parts Two and Three, the second tape session for each *Kapitel*, consists
of the following: (1) A continuation of grammatical drills; (2) a
pronunciation section that lets students continue to practice individual
sounds and distinguish between similar English and German sounds;
(3) a dialogue or anecdote that relates to the chapter topic and uses the
chapter vocabulary; (4) a thematic dictation based on the chapter's
reading text; (5) the reading text.

An important feature are the *Übungsblätter*, answer sheets on which students
indicate their responses to questions about the dialogues and comprehension
passages, supply answers to selected drills in each grammar section, and
write out dictated texts. Their regular use will permit students and
instructors to monitor progress.

v

Zu Hause

Each *Schritt* and *Kapitel* has a workbook section that directly follows the corresponding laboratory section. The workbook focuses on vocabulary building, practice of structure, comprehension, and cultural enrichment. Some visuals are used to encourage personal expression. An answer key (*So ist's richtig*) for all workbook exercises appears at the end of the manual. Instructors who want to use the workbook to evaluate student progress may arrange to have the answer key removed at the beginning of the semester.

We want to thank Professor Lathrop Johnson and his assistant, Andrea Dvorscak, at Ball State University for their valuable suggestions for improvement of the laboratory program.

D.S.
I.S.
K.T.B.

Learning a foreign language is more like learning to play tennis or the piano than studying history. You need to take advantage of every opportunity to practice your emerging skills. The language lab is one of the ways in which you can increase practice time; make intelligent and conscientious use of it. Working in the lab can improve your ability to understand spoken German, to pronounce German correctly, to speak more fluently, even to spell correctly. It will help you make the material your own by involving your motor memory; by using your facial muscles and your vocal cords for speaking, and your hands for writing, you increase *fourfold* your chances of remembering a word, an ending, or a sentence pattern.

Acquaint yourself thoroughly with the setup of your language lab: find out what services are available to you (for example, can you have practice tapes duplicated for use at home?), and what operations the lab equipment permits (can you record yourself and play your responses back?). If you have problems with equipment, the tapes, or an aspect of the program, speak with the lab personnel or your instructor.

Using the lab frequently for short periods produces better results than concentrating your practice in a few long sessions. Be an active user: speak, listen, repeat, write. Letting the tape run while you think of other things is not sufficient. Know what you are saying; don't repeat mechanically.

Every effort has been made to achieve the right pace in taping the program, but to some the tapes will inevitably seem too fast (can the pause button be used to slow them down?), while for others they will be too slow (say the correct answer over and over, or use fast forward).

The patterns in all the *Schritte* and all the *Kapitel* are identical: the manual will guide you through each session. Every time you start, remove the appropriate *Übungsblatt* from the end of each lab manual section and keep it handy: in the *Schritte*, you will need it for the comprehension section and the dictation; in the *Kapitel*, you will need it after the *Gespräche*, at the end of the first part for some grammar exercises, and in the second part for more grammar exercises, the comprehension drill, and the dictation. Each *Kapitel* session ends with a recording of the reading text. Listen to the tape while reading along in the main text or, better yet, listen to it without looking at the text, to improve your aural skills.

For additional practice of pronunciation, use the special tape which accompanies the pronunciation section in the Appendix of the main text.

The second part of each lesson, the workbook, provides you with an opportunity to expand your vocabulary, to practice new grammar structures, and to learn more about German-speaking countries. Use it to test your mastery of the material; don't check the answers in the key until you have made an honest effort to provide them yourself. Ask your instructor if you don't understand why an answer is incorrect; you may have found an alternative correct answer.

We wish you success in your first year of German. Using the lab program and workbook will increase your chances for learning the language well.

D.S.
I.S.
K.T.B.

SCHRITT

1

IM SPRACHLABOR

GESPRÄCHE

Each dialogue will be read twice. The first reading will be without interruption; during the second reading, the speakers will pause to let you repeat each phrase.

Wie geht's?

    HERR SANDERS Guten Tag!
FRÄULEIN LEHMANN Guten Tag!
    HERR SANDERS Ich heiße Sanders, Willi Sanders. Und Sie, wie heißen
                  Sie?
FRÄULEIN LEHMANN Mein Name ist Erika Lehmann.
    HERR SANDERS Freut mich.

***

   HERR MEIER Guten Morgen, Frau Fiedler! Wie geht es Ihnen?
FRAU FIEDLER Danke, gut. Und Ihnen?
   HERR MEIER Danke, es geht mir auch gut.

***

HEIDI Guten Abend, Ute. Wie geht's?
  UTE Ach, ich bin müde.
HEIDI Ich auch. Auf Wiedersehen!
  UTE Tschüß!

1

MÜNDLICHE ÜBUNGEN

You will hear a cue and a sentence (Willi Sanders: Ich heiße Willi Sanders). Then you will be told to begin, and the same cue will be repeated (Willi Sanders). Say the sentence (Ich heiße Willi Sanders), and use the following cues in the same way. Always repeat the correct response after the speaker.

1. Willi Sanders: <u>Ich heiße</u> Willi Sanders.

   . . . .

2. Erika Lehmann: <u>Heißen Sie</u> Erika Lehmann?

   . . . .

3. Hugo Schmidt: <u>Ja, ich heiße</u> Hugo Schmidt.

   . . . .

4. Oskar Meier: <u>Nein, ich heiße nicht</u> Oskar Meier.

   . . . .

5. Frau Fiedler: <u>Wie geht es Ihnen</u>, Frau Fiedler?

   . . . .

6. gut: <u>Es geht mir</u> gut.

   . . . .

AUSSPRACHEÜBUNG

Listen carefully and repeat after the speaker. If your lab setup permits, tape your responses and later compare your pronunciation with that of the native speakers.

A. Hören Sie zu, und wiederholen Sie! *(Listen and repeat.)*

1.	[a:]	<u>A</u>bend, T<u>ag</u>, Ban<u>a</u>ne, N<u>a</u>me, j<u>a</u>
2.	[a]	<u>A</u>nna, <u>A</u>lbert, w<u>a</u>s, d<u>a</u>s, d<u>a</u>nke
3.	[e:]	<u>E</u>rika, P<u>e</u>ter, Am<u>e</u>rika, g<u>e</u>ht, T<u>ee</u>
4.	[e]	<u>E</u>llen, H<u>e</u>rmann, <u>e</u>s, schl<u>e</u>cht
5.	[ə]	Ut<u>e</u>, dank<u>e</u>, heiß<u>e</u>, gut<u>e</u>n Morg<u>e</u>n
6.	[ʌ]	Diet<u>er</u> Fiedl<u>er</u>, Rain<u>er</u> Mei<u>er</u>, Wern<u>er</u> Schneid<u>er</u>
7.	[i:]	<u>I</u>hnen, Mar<u>i</u>a, Sab<u>i</u>ne, w<u>ie</u>, S<u>ie</u>
8.	[i]	<u>i</u>ch b<u>i</u>n, b<u>i</u>tte, n<u>i</u>cht, Schr<u>i</u>tt
9.	[o:]	M<u>o</u>nika, H<u>o</u>se, B<u>oo</u>t, s<u>o</u>, w<u>o</u>
10.	[o]	<u>O</u>skar, <u>o</u>ft, M<u>o</u>rgen, S<u>o</u>mmer, k<u>o</u>sten
11.	[u:]	<u>U</u>te, G<u>u</u>dr<u>u</u>n, g<u>u</u>t, N<u>u</u>del, Sch<u>u</u>h
12.	[u]	<u>u</u>nd, w<u>u</u>nderbar, Ges<u>u</u>ndheit, H<u>u</u>nger, B<u>u</u>tter

B. Das Alphabet

   1. Hören Sie zu, und wiederholen Sie!

     a, b, c, d, e, f, g, h, i, j, k, l, m, n, o, p, q, r, s, t, u, v, w, x, y, z

   2. Buchstabieren Sie auf deutsch! *(Spell in German.)*

     ja, gut, müde, danke, schlecht, heißen, Fräulein, Name, Morgen, wunderbar

VERSTEHEN SIE? *(Do you understand?)*

For this exercise and the next one, you will need the Schritt 1 *answer sheet; remove* Übungsblatt S1 *at the end of this* Schritt.

You will hear a conversation twice, then the five statements on the Übungsblatt. *Circle* Richtig *if the statement is true in terms of the conversation; circle* Falsch *if it is false.*

Übungsblatt S1A: ....

DIKTAT *(Dictation)*

During the pauses provided, write down on the Übungsblatt *what you hear. Each sentence will be repeated so that you can check your accuracy.*

Übungsblatt S1B: ....

ÜBUNGSBLATT S1

A. Verstehen Sie?

    1. Es ist Abend.   Richtig   Falsch
    2. Das Fräulein heißt Rose.   Richtig   Falsch
    3. Das Fräulein ist müde.   Richtig   Falsch
    4. Der Herr ist auch müde.   Richtig   Falsch
    5. Der Herr heißt Rose.   Richtig   Falsch

B. Diktat

_____

_____

_____

_____

_____

_____

ZU HAUSE

(Schritt 1)

Auf deutsch, bitte! *(Write it in German.)*

1. Miss_____

2. Mr. _____

3. Mrs. _____

4. I'm (feeling) fine. _____

5. Hello. _____

6. Goodbye. _____

7. How are you? _____

8. My name is Max. _____

9. What's your name? _____

10. Thank you! _____

7

SCHRITT

2

IM SPRACHLABOR

GESPRÄCH *Conversation, dialogue*

<u>Was ist das?</u>

DEUTSCHPROFESSOR	Hören Sie jetzt gut zu, und antworten Sie auf deutsch! Was ist das?
JIM MILLER	Das ist der Bleistift.
DEUTSCHPROFESSOR	Welche Farbe hat der Bleistift?
SUSAN SMITH	Gelb.
DEUTSCHPROFESSOR	Bilden Sie einen Satz, bitte!
SUSAN SMITH	Der Bleistift ist gelb.
DEUTSCHPROFESSOR	Ist das Heft auch gelb?
DAVID JENKINS	Nein, das Heft ist nicht gelb. Das Heft ist blau.
DEUTSCHPROFESSOR	Richtig! Für morgen lesen Sie bitte das Gespräch noch einmal, und lernen Sie die Wörter! Das ist alles.

MÜNDLICHE ÜBUNGEN

1. der Tisch: <u>Das ist</u> der Tisch.

....

2. das Papier: <u>Wo ist</u> das Papier? <u>Da ist</u> das Papier.

....

3. das Buch: <u>Ist das</u> das Buch? <u>Ja, das ist</u> das Buch.

....

der Bleistift
das Heft (Heft)
der Tisch
das Buch
das Papier

9

4. die Tafel: <u>Ist das</u> die Tafel? <u>Nein, das ist nicht</u> die Tafel.

    ....

5. schwarz: <u>Das ist</u> schwarz.

    ....

6. der Bleistift: <u>Welche Farbe hat</u> der Bleistift?

    ....

7. lesen: Lesen <u>Sie bitte</u>!

    ....

AUSSPRACHEÜBUNG

Hören Sie zu, und wiederholen Sie!

1. [e:]   <u>E</u>rika, K<u>ä</u>the, <u>ge</u>ht, <u>le</u>sen, Gespr<u>ä</u>ch
2. [e]   <u>E</u>llen K<u>e</u>ller, B<u>ä</u>cker, W<u>ä</u>nde, h<u>ä</u>ngen
3. [ö:]   <u>Ö</u>l, h<u>ö</u>ren, L<u>ö</u>wenbräu, G<u>oe</u>the, <u>Ö</u>sterreich
4. [ö]   <u>Ö</u>tker, P<u>ö</u>ppel, <u>ö</u>ffnen, W<u>ö</u>rter
5. [ü:]   T<u>ü</u>r, f<u>ü</u>r, St<u>ü</u>hle, B<u>ü</u>cher, m<u>ü</u>de, t<u>y</u>pisch
6. [ü]   J<u>ü</u>rgen M<u>ü</u>ller, G<u>ü</u>nter, m<u>ü</u>ssen, Tsch<u>ü</u>ß
7. [oi]   d<u>eu</u>tsch, fr<u>eu</u>t, <u>Eu</u>ropa, Fr<u>äu</u>lein, Löwenbr<u>äu</u>
8. [au]   Fr<u>au</u> P<u>au</u>la B<u>au</u>er, <u>au</u>f, <u>au</u>ch, bl<u>au</u>grau
9. [ai]   R<u>ai</u>ner, Kr<u>ei</u>se, w<u>ei</u>ß, h<u>ei</u>ßen, n<u>ei</u>n
10. [ai/i:]   H<u>ei</u>nz F<u>ie</u>dler, B<u>ei</u>spiel, H<u>ei</u>di Th<u>ie</u>lemann

VERSTEHEN SIE?

ÜBUNGSBLATT S2A: ....

DIKTAT

ÜBUNGSBLATT S2B: ....

ÜBUNGSBLATT S2

A. Verstehen Sie?

    1. Das Fräulein heißt Schuster.   Richtig   Falsch
    2. Das Fräulein ist Professorin.   Richtig   Falsch
    3. Der Professor fragt das Fräulein. Richtig   Falsch
    4. Das Buch ist nicht rot.   Richtig   Falsch
    5. Das Buch ist schwarz.   Richtig   Falsch

B. Diktat

_____

_____

_____

_____

_____

_____

11

ZU HAUSE

(Schritt 2)

Auf deutsch, bitte! *(Include the proper article and plural of nouns.)*

1. the pencil _____

2. the book _____

3. the color _____

4. the door _____

5. in German _____

6. yellow _____

7. I am _____

8. to read _____

9. to hear _____

10. What's that? _____

SCHRITT

3

IM SPRACHLABOR

GESPRÄCHE

Im Kleidungsgeschäft

VERKÄUFER Na, wie ist die Hose?
HERR SEIDL Zu groß und zu lang.
VERKÄUFER Und die Krawatte?
HERR SEIDL Zu teuer.
FRAU SEIDL Aber die Farbe ist wunderbar. Schade!

***

HERR SEIDL Mensch, wo ist meine Jacke?
FRAU SEIDL Ich weiß nicht.
VERKÄUFER Welche Farbe hat die Jacke?
HERR SEIDL Blau!
VERKÄUFER Ist das die Jacke?
FRAU SEIDL Ja, danke!

MÜNDLICHE ÜBUNGEN

1. der Schuh: <u>Das ist</u> der Schuh.

   ....

2. alt / neu: <u>Das Gegenteil von</u> alt <u>ist</u> neu.

   ....

3. der Mantel / alt: <u>Ist</u> der Mantel alt? <u>Nein</u>, der Mantel <u>ist</u> <u>nicht</u> alt.

   ....

15

4. Jacken / klein: <u>Sind die</u> Jacken <u>zu</u> klein?   Ja, die Jacken <u>sind zu</u> klein.

   ....

5. schreiben: Schreiben <u>Sie bitte schnell</u>!

   ....

6. Verstehen Sie das?: <u>Ja, ich</u> verstehe <u>das</u>.

   ....

AUSSPRACHEÜBUNG

Hören Sie zu, und wiederholen Sie!

1. [l]   <u>l</u>ernen, <u>l</u>esen, <u>l</u>angsam, Pu<u>ll</u>over, Ku<u>l</u>i
2. [z]   <u>s</u>agen, <u>s</u>auber, <u>s</u>ie <u>s</u>ind, le<u>s</u>en, Blu<u>s</u>e, Ho<u>s</u>e
3. [s]   Profe<u>ss</u>or, pa<u>ss</u>en, hei<u>ß</u>en, wa<u>s</u>, gro<u>ß</u>, wei<u>ß</u>
4. [st]   i<u>st</u>, ko<u>st</u>en, Fen<u>st</u>er
5. [št]   <u>St</u>ephan, <u>St</u>uhl, <u>St</u>ein, Blei<u>st</u>ift, ver<u>st</u>ehen
6. [šp]   <u>sp</u>rechen, Bei<u>sp</u>iel, Ge<u>sp</u>räch, Aus<u>sp</u>rache
7. [š]   <u>sch</u>lecht, <u>sch</u>nell, <u>sch</u>mutzig, <u>sch</u>warz, fal<u>sch</u>
8. [ks]   A<u>x</u>el, Ma<u>x</u>, Feli<u>x</u>, Beatri<u>x</u>

VERSTEHEN SIE?

ÜBUNGSBLATT S3A: ....

DIKTAT

ÜBUNGSBLATT S3B: ....

16

ÜBUNGSBLATT S3

A. Verstehen Sie?

1. Der Herr ist langsam.   Richtig   Falsch
2. Das Fräulein heißt Stoll.   Richtig   Falsch
3. Fräulein Stoll lernt Deutsch. Richtig   Falsch
4. Die Schuhe sind schwarz.   Richtig   Falsch
5. Die Schuhe sind nicht neu.   Richtig   Falsch

B. DIKTAT

_____

_____

_____

_____

_____

_____

17

NAME _____ DATUM _____ KURS _____

ZU HAUSE

(Schritt 3)

Auf deutsch, bitte!

1. the sweater _____

2. the shirt _____

3. the blouse _____

4. the coat _____

5. to go _____

6. to understand _____

7. big _____

8. slowly _____

9. short _____

10. I don't know. _____

SCHRITT

4

IM SPRACHLABOR

GESPRÄCH

<u>Was kostet das?</u>

VERKÄUFER   Guten Tag, Frau Ziegler! Was brauchen Sie heute?
FRAU ZIEGLER   Ich brauche ein paar Bleistifte, zwei Kulis und Papier.
　　　　　　　Was kosten die Bleistifte?
VERKÄUFER   Fünfundsiebzig Pfennig (0,75 DM).
FRAU ZIEGLER   Und der Kuli?
VERKÄUFER   Eine Mark fünfundneunzig (1,95 DM).
FRAU ZIEGLER   Und was kostet das Papier da?
VERKÄUFER   Nur vier Mark zwanzig (4,20 DM).
FRAU ZIEGLER   Gut, ich nehme sechs Bleistifte, zwei Kulis und das Papier.
VERKÄUFER   Ist das alles?
FRAU ZIEGLER   Ja. Danke.
VERKÄUFER   Zwölf Mark sechzig (12,60 DM), bitte!

MÜNDLICHE ÜBUNGEN

1. Zählen Sie von 1 bis 25!

   1, 2, 3, 4, 5, 6, 7, 8, 9, 10, 11, 12, 13, 14, 15, 16, 17, 18, 19, 20,
   21, 22, 23, 24, 25

2. Welche Zahl folgt? *(What number follows?)*

   acht: <u>neun</u>

   ....
   ....

21

3. Wiederholen Sie die Preise! *(Repeat the prices.)*

   2,30 DM   3,25 DM   4,75 DM   8,90 DM   1,10 DM

4. Was ist die Antwort?

   2 + 3 = ?   2 + 3 = 5

   ....

AUSSPRACHEÜBUNG

Hören Sie zu, und wiederholen Sie!

1. [ts]   zwei, zehn, zwölf, zwanzig, zweiundzwanzig,
           zweihundertzweiundzwanzig
2. [z/ts] sechs, sechzehn, sechzig, sechsundsechzig,
           sechshundertsechsundsechzig, sieben, siebzig,
           siebenundsiebzig, siebenhundertsiebenundsiebzig
3. [v]   wie, was, wo, Wand, Wort, wiederholen
4. [f]   vier, vierzehn, vierzig, vierundvierzig,
           vierhundertvierundvierzig
5. [f]   fünf, fünfzehn, fünfzig, fünfundfünfzig,
           fünfhundertfünfundfünfzig, öffnen, auf
6. [pf]   Pfennig, Pfeffer, Pfefferminz, Dummkopf, pfui
7. [kv]   Qualität, Quantität, Quartett, Quintett, Äquator

VERSTEHEN SIE?

ÜBUNGSBLATT S4A: ....

DIKTAT

ÜBUNGSBLATT S4B: ....
                 ....

22

ÜBUNGSBLATT S4

A. Verstehen Sie?

1. Herr Zink braucht....
   a. einen Mantel
   b. zwei Hemden
   c. eine Hose

2. Herr Zink braucht....
   a. keine Jacke
   b. keine Schuhe
   c. keine Hose

3. Die Schuhe kosten....
   a. 40,-- DM
   b. 88,-- DM
   c. 92,-- DM

4. Die Hose kostet....
   a. 63,-- DM
   b. 36,-- DM
   c. 60,-- DM

5. Das kostet zusammen....
   a. 200,25 DM
   b. 220,50 DM
   c. 239,75 DM

B. Diktat

_____

_____

_____

_____

_____

_____

ZU HAUSE

(Schritt 4)

A. Auf deutsch, bitte!

1. one mark _____

2. How much are...? _____

3. That comes to...? _____

4. to need _____

5. to count _____

6. to open _____

7. hundred _____

8. thousand _____

9. today _____

10. how many? _____

25

B. Wieviel ist das? *(Look at the West German coins and bills and write down how much they add up to.)*

1. _____ , _____ DM

2. _____ , _____ DM

3. _____ , _____ DM

4. _____ , _____ DM

5. _____ , _____ DM

SCHRITT

5

IM SPRACHLABOR

GESPRÄCHE

Das Wetter im April

NORBERT   Es ist schön heute, nicht wahr?
JULIA   Ja, wirklich. Die Sonne scheint wieder!
RUDI   Aber der Wind ist kühl.
JULIA   Ach, das macht nichts.
NORBERT   Ich finde es prima.

***

DOROTHEA   Das Wetter ist furchtbar, nicht wahr?
MATTHIAS   Das finde ich auch. Es regnet und regnet!
SONJA   Und es ist wieder kalt.
MATTHIAS   Ja, typisch April.

MÜNDLICHE ÜBUNGEN

A. Wie heißen die Jahreszeiten, Monate und Tage?

   1. Die Jahreszeiten heißen....
   2. Die Monate heißen....
   3. Die Tage heißen....

B. Mustersätze

   1. schön: Es ist heute schön.

   ....

27

2. sehr kalt: <u>Es ist</u> sehr kalt.

....

3. prima: <u>Ich finde es</u> prima.

....

4. Juli: <u>Ich bin im</u> Juli <u>geboren</u>.

....

AUSSPRACHEÜBUNGEN

Hören Sie zu, und wiederholen Sie!

1. [r]   <u>r</u>ichtig, <u>r</u>egnet, <u>r</u>ot, <u>r</u>osa, b<u>r</u>aun, g<u>r</u>ün, d<u>r</u>ei, f<u>r</u>agen, F<u>r</u>au,
          F<u>r</u>eitag, le<u>r</u>nen, hö<u>r</u>en
2. [ʌ]   wi<u>r</u>, vie<u>r</u>, ode<u>r</u>, abe<u>r</u>, nu<u>r</u>, Wett<u>er</u>, Somm<u>er</u>, Wint<u>er</u>
          BUT: [/ r] Tü<u>r</u> / Tü<u>r</u>en; Jah<u>r</u> / Jah<u>r</u>e; Uh<u>r</u> / Uh<u>r</u>en
3. [p]   <u>P</u>apier, <u>P</u>ullover, ka<u>p</u>utt AND: Herb<u>st</u>, gel<u>b</u>, hal<u>b</u>
          BUT: [p / b] gel<u>b</u> / gel<u>b</u>e; hal<u>b</u> / hal<u>b</u>e
4. [t]   <u>T</u>ür, <u>T</u>isch, Doro<u>th</u>ea, bi<u>tt</u>e AND: un<u>d</u>, tausen<u>d</u>, Bil<u>d</u>, Klei<u>d</u>,
          Hem<u>d</u>, Wan<u>d</u> BUT: [t / d] Bil<u>d</u> / Bil<u>d</u>er; Klei<u>d</u> / Klei<u>d</u>er;
          Hem<u>d</u> / Hem<u>d</u>en; Wan<u>d</u> / Wän<u>d</u>e
5. [k]   <u>k</u>lein, dan<u>k</u>e, Ja<u>ck</u>e, di<u>ck</u> AND: sa<u>gt</u>, fra<u>gt</u>, Ta<u>g</u>
          BUT: [k / g] sa<u>g</u>t / sa<u>g</u>en; fra<u>g</u>t / fra<u>g</u>en; Ta<u>g</u> / Ta<u>g</u>e
6. [j]   <u>j</u>a, <u>J</u>ahr, <u>J</u>anuar, <u>J</u>uni, <u>J</u>uli
7. [h]   <u>h</u>ören, <u>h</u>eiß, <u>h</u>at, <u>h</u>undert
8. [:]   zä<u>h</u>len, ne<u>h</u>men, I<u>h</u>nen, Stu<u>h</u>l, Schu<u>h</u>

VERSTEHEN SIE?

ÜBUNGSBLATT S5A: ....

DIKTAT

ÜBUNGSBLATT S5B: ....

28

ÜBUNGSBLATT S5

A. Verstehen Sie?

   1. Es ist Herbst.   Richtig   Falsch
   2. Es regnet.   Richtig   Falsch
   3. Die Sonne scheint nicht.   Richtig   Falsch
   4. Michael findet das Wetter wunderbar.   Richtig   Falsch
   5. Jutta findet es heute sehr heiß.   Richtig   Falsch

B. DIKTAT

_____

_____

_____

_____

_____

_____

ZU HAUSE

(Schritt 5)

Auf deutsch, bitte!

1. the day _____

2. the month _____

3. the weather _____

4. the week _____

5. the year _____

6. It's beautiful. _____

7. isn't it? _____

8. It's raining. _____

9. really _____

10. I think it's cold. _____

SCHRITT

6

IM SPRACHLABOR

GESPRÄCHE

<u>Wie spät ist es?</u>

RITA Axel, wie spät ist es?
AXEL Es ist zehn vor acht.
RITA Mensch, in zehn Minuten habe ich Philosophie. Danke schön!
AXEL Bitte schön!

***

MAX HUBER Hallo, Fräulein Lange! Wieviel Uhr ist es?
MARIA LANGE Es ist halb zwölf.
MAX HUBER Gehen Sie jetzt essen?
MARIA LANGE Ja, die Vorlesung beginnt erst um Viertel nach eins.

***

ROLF RICHTER Wann sind Sie heute fertig?
HORST HEROLD Um zwei. Warum?
ROLF RICHTER Spielen wir heute Tennis?
HORST HEROLD Ja, prima! Es ist jetzt halb eins. Um Viertel vor drei
dann?
ROLF RICHTER Gut! Bis später!

33

MÜNDLICHE ÜBUNGEN

Wie spät ist es?

1. 1.00: <u>Es ist</u> ein <u>Uhr.</u>

   3.00 / 5.00 / 7.00

2. 1.05: <u>Es ist</u> fünf <u>nach</u> eins.

   1.07 / 1.10 / 1.20

3. 1.15: <u>Es ist Viertel nach</u> eins.

   2.15 / 4.15 / 6.15

4. 1.30: <u>Es ist halb</u> zwei.

   2.30 / 4.30 / 6.30

5. 1.40: <u>Es ist</u> zwanzig <u>vor</u> zwei.

   1.50 / 1.55 / 1.59

6. 1.45: <u>Es ist Viertel vor</u> zwei.

   3.45 / 5.45 / 7.45

7. 9.00: <u>Die Vorlesung ist um</u> neun.

   10.15 / 11.30 / 12.45

AUSSPRACHEÜBUNG

Hören Sie zu, und wiederholen Sie!

1.	[x]	a<u>ch</u>t, a<u>ch</u>thunderta<u>ch</u>tunda<u>ch</u>tzig, au<u>ch</u>, brau<u>ch</u>en, Wo<u>ch</u>e, Bu<u>ch</u>
2.	[ç]	i<u>ch</u>, ni<u>ch</u>t, wirkli<u>ch</u>, wel<u>ch</u>e, schle<u>ch</u>t, spre<u>ch</u>en, Gesprä<u>ch</u>e, Bü<u>ch</u>er
3.	[iç]	richt<u>ig</u>, fert<u>ig</u>, sech<u>z</u>ig, fünf<u>z</u>ig, Pfenn<u>ig</u>
4.	[ks]	se<u>chs</u>, se<u>chs</u>undse<u>chz</u>ig, se<u>chs</u>hundertse<u>chs</u>undse<u>chz</u>ig
5.	[k]	<u>Ch</u>ristian, <u>Ch</u>ristine, <u>Ch</u>aos
6.	[k]	Ja<u>ck</u>e, Ro<u>ck</u>, Pi<u>ck</u>ni<u>ck</u>
7.	[ŋ]	I<u>ng</u>e La<u>ng</u>e, Wolfga<u>ng</u> E<u>ng</u>el, e<u>ng</u>lisch, Frühli<u>ng</u>
8.	[gn]	re<u>gn</u>et, resi<u>gn</u>ieren, Si<u>gn</u>al
9.	[kn]	<u>Kn</u>irps, <u>Kn</u>ie, <u>Kn</u>oten
10.	[ps]	<u>Ps</u>ychologie, <u>Ps</u>ychiater, <u>Ps</u>ychoanalyse, <u>Ps</u>eudonym

VERSTEHEN SIE?

Zeit	Montag	Dienstag	Mittwoch	Donnerstag	Freitag	Samstag
8^{10}-8^{55}	BIO	ENGL.	MATHE	BIO	CHEMIE	ENGL.
9^{00}-9^{45}	CHEMIE	FRANZ.	" "	MUSIK	FRANZ.	FRANZ.
10^{00}-10^{45}	MUSIK	MATHE.	DEUTSCH	LATEIN	SOZIALK.	DEUTSCH
10^{50}-11^{35}	LATEIN	DEUTSCH	" "	RELIGION	PHYSIK	KUNST
11^{45}-12^{30}	PHYSIK	GESCHICHTE	RELIGION	ENGL.	" "	SPORT
12^{35}-1^{40}	ENGL.	SOZIALK.	FRANZ	MATHE.	" "	" "

ÜBUNGSBLATT S6A: ....

DIKTAT

ÜBUNGSBLATT S6B: ....

ÜBUNGSBLATT S6

A. Verstehen Sie?

1. Es ist....
   a. Montag
   b. Mittwoch
   c. Samstag

4. Axel beginnt morgens um....
   a. acht
   b. Viertel vor neun
   c. zehn nach acht

2. Axel hat heute....
   a. vier Stunden
   b. sechs Stunden
   c. keine Stunden

5. Er ist um ... fertig.
   a. zehn nach eins
   b. Viertel nach ein
   c. fünf nach halb eins

3. Die Physikstunde beginnt....
   a. um Viertel nach elf
   b. um halb zwölf
   c. um Viertel vor zwölf

B. Diktat

_____

_____

_____

_____

_____

_____

37

ZU HAUSE

(Schritt 6)

Auf deutsch, bitte!

1. the clock _____

2. the time _____

3. the lecture _____

4. I have _____

5. to play tennis _____

6. to eat _____

7. finished _____

8. What time is it? _____

9. now _____

10. You're welcome. _____

KAPITEL

1

IM SPRACHLABOR

TEIL EINS *(Part one)*

GESPRÄCHE

Listen to the first dialogue. During the second reading, repeat each phrase in the pause provided. After listening to the second dialogue, read the requested role. Answer the comprehension questions at the end of this section on the Übungsblatt.

Deutsch für Ausländer

MARIA Roberto, woher kommst du?
ROBERTO Ich bin aus Rom. Und du?
MARIA Meine Familie wohnt in Seattle.
ROBERTO Wie groß ist deine Familie?
MARIA Wir sind fünf -- mein Vater, meine Mutter, mein Bruder, meine
Schwester und ich.
ROBERTO Ich habe nur eine Schwester. Sie heißt auch Maria, genauso wie du.
MARIA Wirklich?

***

Später

ROBERTO Maria, wann ist die Prüfung?
MARIA In zehn Minuten. Du, wie heißen ein paar Flüsse in Deutschland?
ROBERTO Im Norden ist die Elbe, im Osten die Oder, im Süden...
MARIA Die Donau?
ROBERTO Und im Westen der Rhein. Wo liegt Vaduz?
MARIA In Liechtenstein. Liechtenstein liegt westlich von Österreich.
ROBERTO In Liechtenstein sprechen die Leute Französisch, nicht wahr?
MARIA Nein, Deutsch.
ROBERTO Na, viel Glück!

41

THE PRESENT TENSE

In the following sections you will be asked to make structural changes.
Listen closely to the cues and make the proper adjustments. Always repeat
the correct answer after the speaker. The questions at the end of this
section will check your mastery of the material.

A. Ersetzen Sie das Subjekt:

    1. Ich lerne Deutsch. (wir)
       Wir lernen Deutsch.

      ....

    2. Sie antworten jetzt. (er)
       Er antwortet jetzt.

      ....

    3. Wir öffnen das Buch. (du)
       Du öffnest das Buch.

      ....

B. Die anderen auch *(the others, too)*.

    Ich komme aus Amerika. (Paul)
    Paul kommt auch aus Amerika.

    ....

THE NOMINATIVE CASE

C. Wiederholen Sie die Wörter mit <u>ein</u> und <u>kein</u>!

    der Berg
    ein Berg, kein Berg

    ....

D. Bilden Sie Sätze!

   1. Hamburg / Stadt
     Hamburg ist eine Stadt.

     ....

   2. der Rhein / Land
     Der Rhein ist kein Land.

     ....

ÜBUNGSBLATT 1B: ....

TEIL ZWEI

E. Ersetzen Sie das Subjekt!

   Das Kind ist müde.
   Es ist müde.

   ....

F. Antworten Sie mit ja!

   Ist Maria Amerikanerin?
   Ja, sie ist Amerikanerin.

   ....

G. Wer oder was?

   Das ist der Vater.
   Wer ist das?
   Das ist ein See.
   Was ist das?

   ....

SENTENCE STRUCTURE

H. Sagen Sie es anders!

   Es ist kalt im Winter. (im Winter)
   Im Winter ist es kalt.

   ....

ÜBUNGSBLATT 1C: ....

AUSSPRACHE *(See also II.1, 3-4, 11-13, 17, 19-20 in the pronunciation
section of the Appendix.)*

A. Hören Sie zu, und wiederholen Sie!

   1. [i:]   Ihnen, liegen, wieder, Wien, Berlin
   2. [i]   ich bin, bitte, Kind, richtig
   3. [a:]   Frage, Sprache, Amerikaner, Spanier, Vater
   4. [a]   Stadt, Landkarte, Kanada, Satz, Tante
   5. [u:]   gut, Bruder, Kuli, Minute, du
   6. [u]   und, Stunde, Junge, Mutter, Fluß

B. Wortpaare *(Repeat the pairs of words in the pauses provided.)*

   1. a. still   4. a. Schiff
      b. Stil   b. schief

   2. a. Stadt   5. a. Rum
      b. Staat   b. Ruhm

   3. a. Kamm   6. a. Ratte
      b. komm   b. rate

   Was hören Sie jetzt? ....
                        ....

44

VERSTEHEN SIE?

This section is intended to develop your listening skills. Listen carefully as the text is read twice. The questions that follow let you check your understanding of the passage. Mark the correct answer on the Übungsblatt.

Die Schweiz

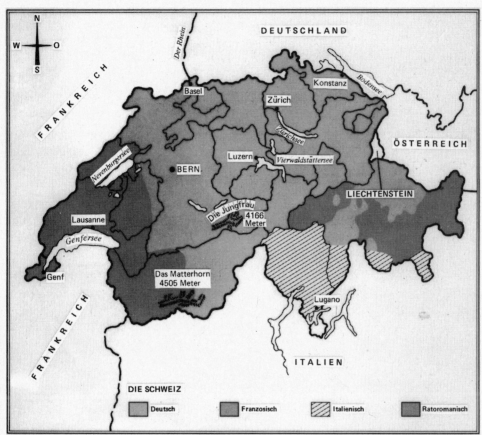

ÜBUNGSBLATT 1D: ....F...   ....

DIKTAT

ÜBUNGSBLATT 1E: ....

EINBLICKE

Sprachen sind wichtig

ÜBUNGSBLATT 1

A. GESPRÄCHE

1. Richtig   Falsch   4. Richtig   Falsch
2. Richtig   Falsch   5. Richtig   Falsch
3. Richtig   Falsch

B. VERB FORMS

1. Meine Großmutter _____ in München.

2. Ich _____ auch aus München.

C. PRONOUNS

1. _____ ist klein.

2. _____ beginnt um eins.

D. VERSTEHEN SIE?

1. Richtig   Falsch   4. Richtig   Falsch
2. Richtig   Falsch   5. Richtig   Falsch
3. Richtig   Falsch

E. DIKTAT

_____

_____

_____

_____

_____

47

ZU HAUSE

(Kapitel 1)

A. Bilden Sie Wörter! *(Form a compound from each pair of nouns; write it with the definite article to show its gender, and give its meaning in English.)*

z.B. das Land + die Karte = <u>die Landkarte,</u> *map*

1. der Sommer + das Wetter = _____

2. die Mutter + die Sprache = _____

3. der Berg + der See = _____

4. die Bilder + das Buch = _____

5. die Kinder + die Kleidung = _____

6. die Stadt + der Teil = _____

7. der Winter + der Mantel = _____

8. der Nachbar + das Kind = _____

9. die Stadt + der Mensch = _____

10. der Vater + die Stadt = _____

B. Was fehlt? *(Find each missing word or phrase in the list on the left and write it in the blank.)*

Deutsch   „ Guten Tag, Udo! Wie geht's?"
Hauptstadt
Österreicher
habe   „ Ach, es geht _____ schlecht. Um elf Uhr
liegt   (1)
auf
aus   _____ ich eine Prüfung. Der Professor ist
im   (2)
mir
in 5 Minuten   _____ Österreich. Er ist _____.
                      (3)   (4)

                 Wir sprechen nur _____. Er fragt alles
                                         (5)

                 _____ deutsch. Zürich ist die _____
                        (6)   (7)

                 der Schweiz, oder?"

                 „ Nein, Bern."

                 „ Österreich _____ südlich von Deutschland,
                                    (8)

                 richtig?"

                 „ Ja, _____ Südosten."
                          (9)

                 „ Du, _____ beginnt die Prüfung!
                              (10)

                 Auf Wiedersehen!"

C. Bilden Sie ganze Sätze! *(Form complete sentences. Provide appropriate articles and verb endings, and use the correct word order.)*

1. Liechtenstein / sein / Land / in Europa

   _____

2. es / liegen / westlich / Österreich / und / östlich / (der) Schweiz

   _____

   _____

3. da / ungefähr / 24.000 Menschen / wohnen

   _____

4. es / haben / eine Stadt / nur

   _____

5. Stadt / heißen / Vaduz

   _____

6. es / sein / Hauptstadt

   _____

7. Liechtensteiner *(pl.)* / sprechen / Deutsch

   _____

51

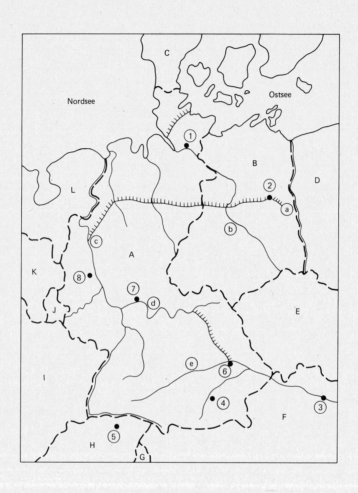

The capital letters on the map above represent different countries;
small letters represent rivers; numbers stand for cities. Create a key
to the map by filling in the names in the spaces below. You may wish to
check the maps found on the end papers of your textbook.

A. _____   a. _____   1. _____

B. _____   b. _____   2. _____

C. _____   c. _____   3. _____

D. _____   d. _____   4. _____

E. _____   e. _____   5. _____

F. _____   6. _____

G. _____   7. _____

H. _____   8. _____

I. _____

J. _____

K. _____

L. _____

E. Aufsatz *(Composition.)*

Write a continuous paragraph by answering the questions below.

Die Bundesrepublik und die DDR

Wie viele Teile hat Deutschland? Wie heißen sie? Wie groß ist die
Bundesrepublik? Wie viele Menschen wohnen da? Wie groß ist die DDR?
Wie viele Menschen wohnen da? Wie heißt die Hauptstadt von
Westdeutschland? Wie heißt die Hauptstadt von Ostdeutschland?

KAPITEL

2

IM SPRACHLABOR

TEIL EINS

GESPRÄCHE

Im Lebensmittelgeschäft

VERKÄUFER   Guten Tag! Was darf's sein?
HERR SCHÄFER   Ich brauche etwas Obst. Haben Sie keine Bananen?
VERKÄUFER   Doch, hier!
HERR SCHÄFER   Was kosten sie?
VERKÄUFER   1,80 DM das Pfund.
HERR SCHÄFER   Und die Orangen?
VERKÄUFER   60 Pfennig das Stück.
HERR SCHÄFER   Gut, dann nehme ich zwei Pfund Bananen und sechs Orangen.
VERKÄUFER   Sonst noch etwas?
HERR SCHÄFER   Ja, zwei Kilo Äpfel.
VERKÄUFER   14,20 DM bitte! Danke schön! Auf Wiedersehen!

***

In der Bäckerei

VERKÄUFERIN   Guten Morgen! Was darf's sein?
FRAU MEYER   Ich möchte sechs Brötchen. Ist der Apfelstrudel frisch?
VERKÄUFERIN   Natürlich.
FRAU MEYER   Gut, dann nehme ich vier Stück.
VERKÄUFERIN   Es gibt heute auch Schwarzbrot im Sonderangebot.
FRAU MEYER   Nein, danke. Aber was für Plätzchen haben Sie?
VERKÄUFERIN   Butterplätzchen, Schokoladenplätzchen ...
FRAU MEYER   Ach, ich nehme dreihundert Gramm Schokoladenplätzchen.
VERKÄUFERIN   Sonst noch etwas?
FRAU MEYER   Nein, danke. Das ist alles.
VERKÄUFERIN   13,50 DM bitte!

55

THE PRESENT TENSE OF <u>SEIN</u> UND <u>HABEN</u>

A. Ersetzen Sie das Subjekt!

   1. Er ist aus Amerika. (Peter und Ellen)
      Peter und Ellen sind aus Amerika.

      ....

   2. Wir haben zwei Kinder. (Müllers)
      Müllers haben zwei Kinder.

      ....

B. Die anderen auch

      Ich habe drei Brüder. (Eva)
      Eva hat auch drei Brüder.

      ....

THE ACCUSATIVE CASE

C. Ersetzen Sie das Objekt!

   1. Ich brauche eine Jacke. (Mantel)
      Ich brauche einen Mantel.

      ....

   2. Wir nehmen die Butter. (Käse)
      Wir nehmen den Käse.

      ....

   3. Sehen Sie das Mädchen? (Kinder)
      Sehen Sie die Kinder?

      ....

4. Das ist für meine Mutter. (Vater)
   Das ist für meinen Vater.

   ....

5. Wir gehen durch die Stadt. (Zimmer)
   Wir gehen durch das Zimmer.

   ....

D. <u>Wen</u> oder <u>was</u>?

   Wir lernen Geographie.
   Was lernen wir?

   ....

ÜBUNGSBLATT 2B: ....

TEIL ZWEI

E. Verneinen Sie es!

   Kaufen Sie das für Ihren Großvater? (Onkel)
   Nein, ich kaufe das für meinen Onkel.

   ....

NEGATION

F. Verneinen Sie mit <u>kein</u>!

   1. Das ist ein Satz.
      Das ist kein Satz.

      ....

   2. Brauchen Sie Papier?
      Nein, ich brauche kein Papier.

      ....

G. Verneinen Sie mit <u>nicht</u>!

Der Fisch ist frisch.
Der Fisch ist nicht frisch.

....
....

H. <u>kein</u> oder <u>nicht</u>?

Wir haben Plätzchen.
Wir haben keine Plätzchen.

....
....

ÜBUNGSBLATT 2C: ....

AUSSPRACHE *(See also II.2, 5, 14-16, 18, and 21 in the pronunciation section of the Appendix.)*

A. Hören Sie zu, und wiederholen Sie!

1. [e:] g<u>eh</u>en, n<u>eh</u>men, K<u>ä</u>se, Am<u>e</u>rika, T<u>ee</u>
2. [e] <u>e</u>s, spr<u>e</u>chen, M<u>e</u>nsch, Gesch<u>ä</u>ft, H<u>e</u>md
3. [o:] <u>oh</u>ne, <u>o</u>der, <u>O</u>bst, Br<u>o</u>t, B<u>o</u>hne
4. [o] k<u>o</u>mmen, d<u>o</u>ch, <u>O</u>sten, N<u>o</u>rden, S<u>o</u>nne

B. Wortpaare

1. a. *gate*   4. a. *shown*
   b. geht   b. schon

2. a. den   5. a. Ofen
   b. denn   b. offen

3. a. zähle   6. a. Bonn
   b. Zelle   b. Bann

Was hören Sie jetzt? ....
                      ....

VERSTEHEN SIE?

Einkaufspläne

ÜBUNGSBLATT 2D: ....

DIKTAT

ÜBUNGSBLATT 2E: ....

EINBLICKE

Sonntags sind die Geschäfte zu

ÜBUNGSBLATT 2

A. GESPRÄCHE

1. a. 50 Pfennig das Stück.
   b. 11,20 DM.
   c. 1,80 DM das Pfund.

2. a. 2
   b. 6
   c. 50

3. a. 4
   b. 6
   c. 300

4. a. Apfelstrudel.
   b. Schwarzbrot.
   c. Schokoladenplätzchen.

B. PRESENT TENSE AND ACCUSATIVE CASE

1. a. Wir _____.

   b. Ich _____.

2. a. Das Buch ist für _____.

   b. Er kommt durch _____.

C. NEGATION

1. Ich kaufe _____.

2. Sie haben _____.

D. VERSTEHEN SIE?

1. Richtig   Falsch   4. Richtig   Falsch
2. Richtig   Falsch   5. Richtig   Falsch
3. Richtig   Falsch

E. DIKTAT

ZU HAUSE

(Kapitel 2)

A. Erweitern Sie Ihren Wortschatz (*Increase your vocabulary*)!

Because German and English are both members of the Germanic branch of the Indo-European language family, they share a lot of vocabulary. You already know quite a few cognates. Some are identical in spelling, some are very similar. For each of the English words below, give the German cognate, and in the case of nouns, the gender, plural, appropriate personal pronoun.

z.B. *word* <u>das Wort, die Wörter; es</u>

1. *shoe* _____

2. *brother* _____

3. *family* _____

4. *weather* _____

5. *butter* _____

6. *land* _____

7. *brown* _____

8. *green* _____

9. *to cost* _____

10. *to begin* _____

11. *to drink* _____

12. *to bring* _____

63

B. Was fehlt?

ein Geschäft   „ Da ist _____. Sehen Sie _____?"
ein Stück   (1)   (2)

habe   „ Das Brot ist nicht billig, _____ es ist
                                            (3)
aber
den   gut. Ich _____ Hunger."
der   (4)
ein
ein paar   „ _____ möchten Sie?"
er   (5)
es
etwas   „ Wo ist _____ Saft? Ich nehme
keinen   (6)
was

               _____ Orangensaft! Ich brauche auch
                     (7)

               _____ Wurst, _____ Tomaten
                    (8)   (9)

und _____ Schwarzbrot."
            (10)

„ Möchten Sie auch _____ Käsekuchen?
                      (11)

_____ ist ganz frisch."
        (12)

„ Nein, danke. Ich esse _____ Kuchen."
                     (13)

C. Auf deutsch, bitte!

1. We are going through the department store.

_____

2. There they have jackets and coats. They are inexpensive.

_____

_____

3. What do you *(sg. fam.)* have against the coat?

_____

4. I don't need a coat, and I wouldn't like a jacket.

_____

_____

5. I would like a cup of coffee, without milk.

_____

6. What kind of cake would you *(sg. fam.)* like? -- Cheesecake, of
course!

_____

_____

D. Kreuzworträtsel *(Fill in the crossword puzzle below.)*

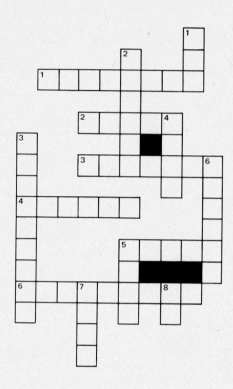

Horizontal:

1. Die _____ ist ein Geschäft. Da kauft man Shampoo, aber keine Medizin.
2. Möchten Sie ein _____ Kuchen?
3. Mittags essen die Deutschen oft _____ mit Gemüse und Kartoffeln.
4. Eine _____ ist rot.
5. Eine _____ ist lang und grün.
6. Man kauft _____ im Frühling. Ein _____kuchen ist prima.

Vertikal:

1. In England trinkt man viel _____.
2. Bohnen, Erbsen und Kartoffeln sind _____.
3. Kinder essen gern _____.
4. _____ ist ein Milchprodukt.
5. Studenten trinken gern _____.
6. Ich esse etwas. Ich habe _____.
7. Ich esse _____ mit Butter und Käse.
8. Morgens esse ich auch gern ein _____.

E. Aufsatz

Write a brief paragraph about shopping in Regensburg by answering the questions below.

Einkaufen in Regensburg

Was für Geschäfte gibt es um die Ecke? Ist das Lebensmittelgeschäft sehr teuer? Wann ist Markt? Was verkaufen die Bauern da? Wie ist alles? Wann sind die Geschäfte offen? Wann sind sie zu?

KAPITEL

3

IM SPRACHLABOR

TEIL EINS

GESPRÄCHE

<u>Im Restaurant</u>

AXEL Herr Ober, die Speisekarte bitte!
OBER Hier bitte!
AXEL Was empfehlen Sie heute?
OBER Die Menüs sind sehr gut.
AXEL Gabi, was nimmst du?
GABI Ich weiß nicht. Was nimmst du?
AXEL Ich nehme Menü eins: Schnitzel und Kartoffelsalat.
GABI Und ich nehme Menü zwei: Rindsrouladen mit Kartoffelklößen.
OBER Und was möchten Sie trinken?
GABI Ein Glas Apfelsaft. Und du, Axel?
AXEL Mineralwasser.

***

<u>Im Café</u>

FRAU MOLLIG Ach, jetzt eine Tasse Kaffee!
FRAU ARENDT Ich esse ein Eis.
FRAU MOLLIG Fräulein!
   FRÄULEIN Guten Tag! Was darf's sein?
FRAU MOLLIG Zwei Tassen Kaffee, ein Stück Erdbeertorte mit Schlagsahne und
             ein Schokoladeneis.
   FRÄULEIN Wir haben heute leider keine Erdbeertorte.
FRAU MOLLIG Na, dann bringen Sie ein Stück Käsekuchen! -- (Das
             Fräulein kommt mit dem Essen.) -- Guten Appetit!
FRAU ARENDT Danke, gleichfalls. Ach, das schmeckt gut.
FRAU MOLLIG Der Kuchen auch. -- Gehen Sie jetzt nach Hause?
FRAU ARENDT Nein, ich gehe noch einkaufen. Und Sie?
FRAU MOLLIG Ich auch. -- Fräulein, wir möchten bezahlen!

69

VERBS WITH VOWEL CHANGES

A. Ersetzen Sie das Subjekt!

   1. Nehmen Sie den Pudding? (ihr)
      Nehmt ihr den Pudding?

      ....

   2. Wir fahren langsam. (er)
      Er fährt langsam.

      ....

   3. Sie wird schnell fertig. (du)
      Du wirst schnell fertig.

      ....

B. Formulieren Sie Fragen!

   Ich fahre schnell.
   Fährst du auch schnell?

   ....

THE DATIVE CASE

C. Ersetzen Sie das Dativobjekt!

   1. Die Stadt gefällt dem Engländer. (Amerikaner)
      Die Stadt gefällt dem Amerikaner.

      ....

   2. Der Mantel gehört dem Mädchen. (Schwester)
      Der Mantel gehört der Schwester.

      ....

   3. Er dankt den Nachbarn. (Brüder)
      Er dankt den Brüdern.

      ....

4. Ich kaufe meinem Vater ein Buch. (Mutter)
   Ich kaufe meiner Mutter ein Buch.

   ....

D. Ersetzen Sie das Dativobjekt!

   1. Der Ober kommt mit der Speisekarte. (Salz)
      Der Ober kommt mit dem Salz.

      ....

   2. Das Restaurant ist bei dem Markt. (Kaufhaus)
      Das Restaurant ist bei dem Kaufhaus.

      ....

   3. Die Uhr ist von meinem Großvater. (Großmutter)
      Die Uhr ist von meiner Großmutter.

      ....

ÜBUNGSBLATT 3B: ....

TEIL ZWEI

E. Ferienpläne *(vacation plans)*

   Uwe fährt nach Holland, und du? (Spanien)
   Ich fahre nach Spanien.

   ....

F. Wem oder wen?

   Er hilft dem Freund.
   Wem hilft er?

   ....
   ....

71

G. Zu Hause oder nach Hause?

Sie sind zu Hause. (fahren)
Sie fahren nach Hause.

....

ÜBUNGSBLATT 3C: ....

AUSSPRACHE *(See also II.22-28 in the pronunciation section of the Appendix.)*

A. Hören Sie zu, und wiederholen Sie!

1. [ü:] über, Tür, für, Frühling, Prüfung, Gemüse, südlich, grün,
   natürlich, müde
2. [ü] Flüsse, Würste, Stück, Müller, München, fünf, fünfundfünfzig,
   dünn

B. Wortpaare

1. a. vier   4. a. Mutter
   b. für   b. Mütter

2. a. missen   5. a. fühle
   b. müssen   b. fülle

3. a. Stuhle   6. a. Goethe
   b. Stühle   b. Güte

Was hören Sie jetzt? ....
                     ....

VERSTEHEN SIE?

Frau Wagner geht einkaufen

ÜBUNGSBLATT 3D: ....

DIKTAT

ÜBUNGSBLATT 3E: ....

EINBLICKE

Man ist, was man ißt

ÜBUNGSBLATT 3

A. GESPRÄCHE

    1. Richtig   Falsch   4. Richtig   Falsch
    2. Richtig   Falsch   5. Richtig   Falsch
    3. Richtig   Falsch

B. VERBS WITH VOWEL CHANGES AND THE DATIVE CASE

    1. a. Ralph _____ Peter nicht.

       b. Inge _____ zum See.

    2. a. Der Ober gibt _____ die Rechnung.

       b. Die Bücher gehören _____.

       c. Axel kommt aus _____.

C. INTERROGATIVE PRONOUNS, <u>ZU HAUSE</u> VS. <u>NACH HAUSE</u>

    1. a. _____ er?

       b. _____ sie es?

    2. a. zu Hause   nach Hause
       b. zu Hause   nach Hause

D. VERSTEHEN SIE?

    1. Richtig   Falsch   4. Richtig   Falsch
    2. Richtig   Falsch   5. Richtig   Falsch
    3. Richtig   Falsch

E. DIKTAT

_____

_____

_____

_____

_____

_____

_____

ZU HAUSE

(Kapitel 3)

A. Erweitern Sie Ihren Wortschatz!

An analysis of groups of cognates shows that differences between English and German cognates developed quite systematically. For the groups of words below, write the English equivalents, and point out the vowel relationship.

z.B. klar   <u>clear</u>   <u>a / ea</u>
    Jahr   <u>year</u>

1. alt   _____ _____

   kalt   _____

   lang   _____

2. Tee   _____ _____

   See   _____

3. Bier   _____ _____

   Knie   _____

4. Sommer   _____ _____

   Sonne   _____

   Onkel   _____

5. Osten   _____ _____

   Bohne   _____

6. gut   _____ _____

   Buch   _____

   Nudel   _____

7. Suppe   _____ _____

   jung   _____

B. Was fehlt?

ein Glas
eine Tasse

ißt

aus
bei
das
nach
nach
seit
um
zum
zur

Tom ist Amerikaner. Er kommt _____ Milwaukee. Er
                                     (1)

ist _____ März in Heidelberg. Er wohnt
          (2)

_____ Familie Schneider. Da _____ er
       (3)   (4)

Frühstück und Abendessen. _____ Frühstück gibt es
                                   (5)

Joghurt oder Ei, Brot, Butter, Wurst oder Marmelade und

Kaffee. _____ dem Frühstück geht Tom zur
                (6)

Universität (university). Mittags geht er _____
                                                   (7)

Mensa. Da ist _____ Mittagessen nicht teuer.
                     (8)

_____ fünf oder halb sechs geht er _____
      (9)   (10)

Hause. Das Abendessen ist kalt. Herr Schneider trinkt

_____ Wein, aber Frau Schneider trinkt
      (11)

_____ Tee. Tom trinkt Milch, wie (like) die
      (12)

Kinder.

C. Bilden Sie ganze Sätze!

1. Ober / geben / Alex / Speisekarte

_____

2. Alex / lesen / Speisekarte / und / nehmen / Reis mit Huhn *(chicken)*

_____

_____

3. er / essen / auch / etwas Salat / und / trinken / Glas Wein

_____

_____

4. Zum Nachtisch / Ober / empfehlen / Schokoladenpudding

_____

_____

5. Restaurant / gefallen / Student *(sg.)*

_____

77

D. **Was ist was?** *(Write the German word for each numbered item in the picture below. Include the proper article and plural.)*

1. _____   7. _____

2. _____   8. _____

3. _____   9. _____

4. _____   10. _____

5. _____   11. _____

6. _____   12. _____

E. Dialog

Complete the dialogue below by filling in the missing lines. For a choice of foods, use the menu on p. 86 of the textbook.

Im Restaurant

    OBER Guten Tag, mein Herr!

HERR ULM _____

    OBER Möchten Sie die Speisekarte sehen?

HERR ULM _____

    OBER Hier ist sie.

HERR ULM _____

    OBER Der Sauerbraten ist heute besonders gut.

HERR ULM _____

    OBER Was für Suppe möchten Sie?

HERR ULM _____

    OBER Und was möchten Sie trinken?

HERR ULM _____

    OBER Und zum Nachtisch?

HERR ULM _____

    OBER Gut. Die Suppe kommt in zwei Minuten.

KAPITEL

4

IM SPRACHLABOR

TEIL EINS

GESPRÄCHE

<u>Am Telefon</u>

CHRISTA Hallo, Michael!
MICHAEL Hallo, Christa! Wie geht's?
CHRISTA Was machst du am Wochenende?
MICHAEL Nichts Besonderes. Warum?
CHRISTA Klaus hat übermorgen Geburtstag, und wir geben eine Party.
MICHAEL Bist du sicher? Klaus hat doch vor einem Monat Geburtstag gehabt!
CHRISTA Quatsch! Klaus hat am 3. Mai (3.5.) Geburtstag. Und Samstag ist
         der dritte.
MICHAEL Na gut! Wann und wo ist die Party?
CHRISTA Samstag um sieben bei mir. Aber nichts sagen! Es ist eine
         Überraschung.
MICHAEL Ach so! Also, bis dann!
CHRISTA Tschüß! Mach's gut!

***

<u>Klaus klingelt bei Christa</u>

CHRISTA Tag, Klaus! Herzlichen Glückwunsch zum Geburtstag!
  KLAUS Danke!
MICHAEL Alles Gute zum Geburtstag!
  KLAUS Tag, Michael... Gerda, Kurt, Sabine. Was macht ihr denn hier?
   ALLE Wir gratulieren zum Geburtstag!
  KLAUS Danke! Was für eine Überraschung!

ÜBUNGSBLATT 4A: ....

81

ORDINALS

A. Lesen Sie!

1.11.
<u>der erste November</u>

12.4. / 31.12. / 12.7. / 22.3. / 18.5. / 11.11. / 1.8. / 30.1.

THE PRESENT PERFECT

B. Ersetzen Sie das Subjekt!

1. Ich habe Obst gekauft. (wir)
   Wir haben Obst gekauft.

   ....

2. Er hat nicht geantwortet. (ihr)
   Ihr habt nicht geantwortet.

   ....

3. Hat sie schon gegessen? (ihr)
   Habt ihr schon gegessen?

   ....

C. Ersetzen Sie das Verb!

1. Ich habe Klaus ein Buch gekauft. (geben)
   Ich habe Klaus ein Buch gegeben.

   ....

2. Wir haben Gerda nicht gesehen. (finden)
   Wir haben Gerda nicht gefunden.

   ....

3. Wir haben ein Zimmer bestellt. (bekommen)
   Wir haben ein Zimmer bekommen.

   ....

D. Was haben die Studenten am Wochenende gemacht? Bilden Sie Sätze!

    eine Party geben
    Ich habe eine Party gegeben.

    ....
    ....

ÜBUNGSBLATT 4B: ....

TEIL ZWEI

THE PRESENT PERFECT WITH <u>SEIN</u>

E. Ersetzen Sie das Subjekt!

    1. Er ist fertig geworden. (ich)
       Ich bin fertig geworden.

       ....

    2. Sie ist nach Hause gegangen. (wir)
       Wir sind nach Hause gegangen.

       ....

F. Sagen Sie es im Perfekt!

    Sie laufen um den See.
    Sie sind um den See gelaufen.

    ....

SUBORDINATE CLAUSES

G. Beginnen Sie mit <u>Er fragt ...</u>!

    Wieviel Uhr ist es?
    Er fragt, wieviel Uhr es ist.

    ....

83

H. Beginnen Sie mit <u>Sie fragen, ob ...</u>!

Ist Klaus zu Hause?
Sie fragen, ob Klaus zu Hause ist.

....

I. Beginnen Sie mit <u>Sie schreibt, daß ...</u>!

Klaus hat Geburtstag gehabt.
Sie schreibt, daß Klaus Geburtstag gehabt hat.

....

ÜBUNGSBLATT 4C: ....

AUSSPRACHE *(See also III.13-15 in the pronunciation section of the Appendix.)*

A. Hören Sie zu, und wiederholen Sie!

1. [ç] i<u>ch</u>, ni<u>ch</u>t, fur<u>ch</u>tbar, viellei<u>ch</u>t, man<u>ch</u>mal, spre<u>ch</u>en, Re<u>ch</u>nung, Mäd<u>ch</u>en, Mil<u>ch</u>, dur<u>ch</u>, gewöhnli<u>ch</u>, ri<u>ch</u>tig, wi<u>ch</u>tig
2. [x] a<u>ch</u>, a<u>ch</u>t, ma<u>ch</u>en, Weihna<u>ch</u>ten, au<u>ch</u>, brau<u>ch</u>en, Wo<u>ch</u>e, no<u>ch</u>, do<u>ch</u>, Bu<u>ch</u>, Ku<u>ch</u>en
3. [ks] se<u>chs</u>, se<u>chs</u>te
4. [k] di<u>ck</u>, Zu<u>ck</u>er, Bä<u>ck</u>er, Ro<u>ck</u>, Ja<u>ck</u>e, Frühstü<u>ck</u>, schme<u>ck</u>en

B. Wortpaare

1. a. mich
   b. misch

2. a. Kirche
   b. Kirsche

3. a. nickt
   b. nicht

4. a. lochen
   b. locken

5. a. Nacht
   b. nackt

6. a. möchte
   b. mochte

Was hören Sie jetzt? ....
....

84

NAME _____ DATUM _____ KURS _____

VERSTEHEN SIE?

<u>Eine Floßfahrt auf der Isar</u> *(a raft trip on the Isar river)*

Das ist neu: das Floß   *raft*
            die Fahrt   *trip*
            die Pausen   *breaks*
            die Bayern   *the Bavarians*
            steil hinuntergehen   *to descend sharply*
            naß   *wet*

85

ÜBUNGSBLATT 4D: ....

DIKTAT

ÜBUNGSBLATT 4E: ....

EINBLICKE

<u>Wenn sie feiern, feiern sie richtig</u>

ÜBUNGSBLATT 4

A. GESPRÄCHE

1. _____

2. _____

3. _____

4. _____

B. DATES AND VERBS

1. Beispiel: Heute ist der <u>12.4.</u>.

   a. Heute ist der _____.

   b. Heute ist der _____.

2. a. Die Kinder _____ Kuchen _____.

   b. Sie _____ Deutsch _____.

   c. Das _____ nicht viel _____.

C. PRESENT PERFECT, SUBORDINATE CLAUSES

1. a. _____ ihr durch die Stadt _____?

   b. Meine Schuhe _____ schmutzig _____.

2. a. Er fragt, _____.

   b. Er fragt, _____.

   c. Er fragt, _____.

D. VERSTEHEN SIE?

1. Richtig   Falsch   4. Richtig   Falsch
2. Richtig   Falsch   5. Richtig   Falsch
3. Richtig   Falsch

E. DIKTAT

_____

_____

_____

_____

_____

_____

_____

ZU HAUSE

(Kapitel 4)

A. Erweitern Sie Ihren Wortschatz!

German and English cognates display several very regular patterns of consonant correspondence. Give the German equivalents of the English words in each group and determine the particular consonant relationship as shown.

z.B. *have*   <u>haben</u> <u>v/b</u>
     give   <u>geben</u>

1. *book*   _____ _____   4. *water*   _____ _____

   cake   _____   *hot*   _____

   milk   _____   *white*   _____

   to make _____   *great*   _____

2. *thick*   _____ _____   5. *two*   _____ _____

   thin   _____   *ten*   _____

   brother _____   *time*   _____

   to thank _____   *salt*   _____

3. *pound*   _____ _____   6. *right*   _____ _____

   pepper   _____   *neighbor* _____

   penny   _____   *eight*   _____

   apple   _____   *daughter* _____

89

7. good _____ _____

    loud _____

    cold _____

    door _____

B. Was fehlt? *(Fill in the blanks with forms of the present perfect.)*

1. haben   Am Samstag _____ mein Vater Geburtstag
                                (1)

2. werden   _____. Er _____ fünfundfünfzig
                     (1)   (2)

                _____. Meine Großeltern, Onkel und Tanten
                     (2)

3. sein   _____ da _____. Auch ein paar Freunde
                 (3)   (3)

4. kommen   _____ _____. Alle _____ meinem
5. gratulieren   (4)   (4)   (5)

6. bekommen   Vater _____. Er _____ viele Geschenke
                       (5)   (6)

7. schenken   _____. Wir _____ meinem Vater ein paar
                (6)   (7)

                Flaschen Wein und viele Blumen _____. Wir
                                        (7)

8. trinken   _____ Kaffee _____ und Kuchen
               (8)   (8)

9. essen   _____. Meine Großeltern _____ auch zum
10. bleiben   (9)   (10)

                Abendessen hier _____. Meine Mutter
                            (10)

11. öffnen   _____ eine Flasche Sekt _____. Wir
               (11)   (11)

12. singen   _____ _____ und _____. Die
13. tanzen   (12)   (12)   (13)

14. machen   Party _____ meinem Vater Spaß _____.
                   (14)   (14)

C. Bilden Sie Sätze!

1. Alexander / sagen // daß / er / fahren / nach Hause / zu Weihnachten

   _____

   _____

2. ich / gehen / zum Supermarkt // bevor / ich / komme nach Hause

   _____

   _____

3. kommen / ihr // wenn / Katharina / haben / Geburtstag?

   _____

4. obwohl / Restaurant / sein / sehr / gut // es / nicht / sein / teuer

   _____

   _____

5. wenn / du / sein / fertig // du / spielen / Tennis

   _____

6. sie (sg.) / fragen // ob / er / sprechen / Deutsch (second clause present perfect)

   _____

7. weil / wir / sein / müde // wir / nicht / tanzen (present perfect)

   _____

   _____

D. Kreuzworträtsel *(crossword puzzle)*

Horizontal:

3. ice cream
6. before
8. vacation
10. sentence
11. because
12. girl's name
14. and
15. pronoun for birthday
16. out of
18. song
20. (you/sg. fam.) are getting
22. because
23. pink
24. ago
26. still
27. never
28. to do

Vertikal:

1. understood
2. candle
3. pronoun for holiday
4. done
5. celebrations
7. although
9. sure
13. (the) first
14. around
17. sun
19. there
20. when?
21. skirt
25. whether

E. Aufsatz

Write six sentences about what you did on the weekend.

Was ich am Wochenende gemacht habe

z.B. Am Wochenende bin ich einkaufen gegangen....

93

KAPITEL

1

IM SPRACHLABOR

TEIL EINS

GESPRÄCHE

Entschuldigen Sie! Wo ist ...?

TOURIST Entschuldigen Sie! Können Sie mir sagen, wo das Hotel Sacher ist?
 WIENER Erste Straße links hinter der Staatsoper.
TOURIST Und wie komme ich von da zum Stephansdom?
 WIENER Geradeaus, die Kärtnerstraße entlang.
TOURIST Wie weit ist es zum Dom?
 WIENER Nicht weit. Sie können zu Fuß gehen!
TOURIST Danke schön!
 WIENER Bitte schön!

***

Da drüben

TOURIST Entschuldigen Sie bitte! Wo ist das Burgtheater?
   HERR Es tut mir leid. Ich bin nicht aus Wien.
TOURIST Entschuldigen Sie! Ist das das Burgtheater?
   DAME Nein, das ist nicht das Burgtheater, sondern die Staatsoper.
         Fahren Sie mit der Straßenbahn zum Rathaus! Gegenüber vom Rathaus
         ist das Burgtheater.
TOURIST Und wo hält die Straßenbahn?
   DAME Da drüben links!
TOURIST Vielen Dank!
   DAME Bitte schön!

Übungsblatt 5A: ....

95

PERSONAL PRONOUNS

A. Ersetzen Sie das Subjekt!

Da kommt Ihr Onkel!
Da kommt er.

....

B. Antworten Sie mit ja, und ersetzen Sie das Objekt!

1. Fragt ihr den Großvater?
   Ja, wir fragen ihn.

   ....

2. Gehört es dem Touristen?
   Ja, es gehört ihm.

   ....

3. Ist das für Heidi?
   Ja, das ist für sie.

   ....

4. Fährst du mit den Touristen?
   Ja, ich fahre mit ihnen.

   ....

MODAL AUXILIARY VERBS

C. Ersetzen Sie das Subjekt!

1. Wir müssen einen Stadtplan kaufen. (du)
   Du mußt einen Stadtplan kaufen.

   ....

2. Sie können zu Fuß gehen. (man)
   Man kann zu Fuß gehen.

   ....

3. Ich will lange schlafen. (Erika)
   Erika will lange schlafen.

   ....

4. Ich möchte ihm helfen. (wir)
   Wir möchten ihm helfen.

   ....

Übungsblatt 5B: ....

TEIL ZWEI

PERSONAL PRONOUNS AND MODAL AUXILIARIES

D. Antworten Sie mit dem Akkusativpronomen!

   Wem gibst du die Schokolade? (meiner Schwester)
   Ich gebe sie meiner Schwester.

   ....

E. Ersetzen Sie das Dativobjekt!

   Was zeigst du dem Amerikaner? (den Dom)
   Ich zeige ihm den Dom.

   ....

F. Antworten Sie!

   Wir müssen Lebensmittel kaufen, und du? (zur Bank gehen)
   Ich muß zur Bank gehen.

   ....

AUSSPRACHE *(See also II.29-36 in the pronunciation section of the Appendix.)*

A. Hören Sie zu, und wiederholen Sie!

1. [ö:] Österreich, Brötchen, Goethe, schön, gewöhnlich, französisch, hören
2. [ö] öffnen, östlich, können, Löffel, zwölf, nördlich, möchten

B. Wortpaare

1. a. kennen   4. a. schon
   b. können   b. schön

2. a. Sehne   5. a. Sühne
   b. Söhne   b. Söhne

3. a. große   6. a. Höhle
   b. Größe   b. Hölle

Was hören Sie jetzt?   ....
                            ....

VERSTEHEN SIE?

Eine Heurigenschenke

Das ist neu:

die Heurigenschenke, -n	*Viennese wine-tasting inn*
typisch	*typical*
besuchen	*to visit*
elegant	*elegant*
der Heurige	*new wine*
die Bänke	*benches*

Übungsblatt 5C: ....

DIKTAT

Übungsblatt 5D: ....

EINBLICKE

Grüße aus Wien

99

ÜBUNGSBLATT 5

A. GESPRÄCHE

1. _____

2. _____

3. _____

B. PRONOUNS AND MODALS

1. a. Ja, ich wohne bei _____.

   b. Ja, ich sehe _____.

2. a. Er _____ es ihm nicht sagen.

   b. Ich _____ sie fragen.

C. VERSTEHEN SIE?

1. Richtig   Falsch   4. Richtig   Falsch
2. Richtig   Falsch   5. Richtig   Falsch
3. Richtig   Falsch

D. DIKTAT

_____

_____

_____

_____

_____

_____

_____

ZU HAUSE

(Kapitel 5)

A. Erweitern Sie Ihren Wortschatz!

Some cognates have changed their meaning over the centuries, although one can readily see the common element. Find the English cognate in the list on the right and give the modern English equivalent.

z.B. Stuhl   <u>1</u>   <u>chair</u>

1. Hose	_____ _____	a. *bloom*
		b. *dame*
2. Tafel	_____ _____	c. *dish*
		d. *dome*
3. Herbst	_____ _____	e. *elders*
		f. *fare*
4. Zeit	_____ _____	g. *flesh*
		h. *flask*
5. Eltern	_____ _____	i. *harvest*
		j. *hose*
6. weit	_____ _____	k. *mantle*
		l. *stool*
7. fahren	_____ _____	m. *table*
		n. *tide*
8. Fleisch	_____ _____	o. *wide*
9. Dom	_____ _____	
10. Dame	_____ _____	
11. Flasche	_____ _____	
12. Mantel	_____ _____	
13. Tisch	_____ _____	
14. Blume	_____ _____	

B. Was fehlt?

Tage

Graz, den 12. Juni

kann
könnt
möchte
soll
wollen

Liebe Eltern!

Jetzt bin ich schon drei _____ in Graz.
(1)

Mein Hotel liegt ganz zentral, _____
(2)

Euch
Euch
Ihr
in der Nähe vom
mir
mir
mir
nach Hause
sondern
zu

Bahnhof. Ich bringe _____ einen Stadtplan,
(3)

wenn ich _____ komme. Dann
(4)

_____ Ihr sehen, wo alles liegt.
(5)

Graz gefällt _____ sehr gut. Von meinem
(6)

Hotel _____ man nicht nur die Stadt,
(7)

_____ auch den Fluß, den Dom und die Berge
(8)

sehen. Ich gehe hier viel _____ Fuß.
(9)

Erika, eine Studentin, hilft _____ viel. Wir
(10)

_____ morgen ein Zimmer suchen (look
(11)

for). Ich _____ mit _____
(12)   (13)

am Sonntag zum Schloßberg gehen. Von dort

_____ man Graz wunderbar sehen.
(14)

Wie Ihr seht, es geht _____ sehr gut. Ich
(15)

schreibe _____ wieder.
(16)

Viele Grüße!

Eure Elisabeth

104

C. Bilden Sie ganze Sätze!

1. heute / wir / wollen / bummeln / durch / Stadt

_____

2. ich / nicht / wollen / fahren / mit / Bus // sondern / Fuß / gehen

_____

_____

3. ich / müssen / gehen / zu / Post

_____

4. wir / können / einkaufen gehen / mit Steffen // wenn / er / kommen / aus / Mensa

_____

_____

5. hier / es / geben / ein Schloß / und / ein Schloßpark

_____

6. können / du / sagen / mir // ob / es / sein / offen / heute?

_____

_____

D. Verkehrszeichen *(Guess what the traffic signs mean.)*

1. __ Kinder
2. __ Fußgängerweg
3. __ Fußgängerüberweg *(pedestrian crossing)*
4. __ Fahrradweg
5. __ Autobahn *(freeway)*
6. __ Bahnübergang *(railroad crossing)*
7. __ Stopschild
8. __ Vorfahrt *(yield)*
9. __ Kurve
10. __ rechts
11. __ geradeaus oder rechts
12. __ Kreuzung *(crossing)*
13. __ Gefälle *(decline)*
14. __ Engpaß *(street narrows)*
15. __ Einbahnstraße *(one-way street)*
16. __ Keine Einfahrt *(don't enter)*
17. __ Halteverbot *(no stopping or parking)*
18. __ Überholverbot *(no passing)*
19. __ Parkplatz
20. __ Geschwindigkeitsbegrenzung *(speed limit)*

E. Was ist auf dieser Karte von Österreich? (Identify the various numbers and letters.)

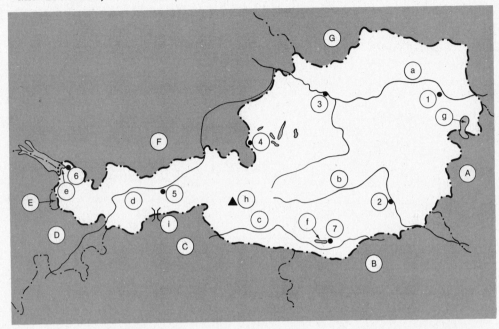

The capital letters on the map above represent different countries; small letters represent rivers, lakes, mountains, or mountain passes; numbers stand for cities. Create a key to the map by filling in the names in the spaces provided below. You may wish to check the map in the main text.

A. _____   a. _____   1. _____

B. _____   b. _____   2. _____

C. _____   c. _____   3. _____

D. _____   d. _____   4. _____

E. _____   e. _____   5. _____

F. _____   f. _____   6. _____

G. _____   g. _____

                              h. _____

                              i. _____

107

F. Aufsatz

Write a short note to a friend or your parents from Vienna. Use the questions as guidelines.

<u>Gruß aus Wien</u>

Wo sind Sie? Wie geht es Ihnen? Wie gefällt es Ihnen? Was kann man in Wien alles sehen? Von wo kann man die Stadt sehen? Wo gibt es viele Touristen? Warum? Was wollen Sie morgen tun? Wie kommen Sie dahin *(there)*?

KAPITEL

6

IM SPRACHLABOR

TEIL EINS

GESPRÄCHE

Wohnung zu vermieten

INGE	Hallo, Sie haben eine Zwei-Zimmer-Wohnung zu vermieten, nicht wahr?
VERMIETER	Ja, in der Nähe vom Dom.
INGE	Wie alt ist die Wohnung?
VERMIETER	Ziemlich alt, aber sie ist renoviert und schön groß und hell. Sie hat sogar einen Balkon.
INGE	In welchem Stock liegt sie?
VERMIETER	Im dritten Stock.
INGE	Ist sie möbliert oder unmöbliert?
VERMIETER	Unmöbliert.
INGE	Und was kostet die Wohnung?
VERMIETER	600 Mark.
INGE	O! Das ist ein bißchen zu teuer. Vielen Dank! Auf Wiederhören!
VERMIETER	Auf Wiederhören!

***

In der Wohngemeinschaft

INGE	Euer Haus gefällt mir!
HORST	Wir haben noch Platz für dich! Komm, ich zeige es dir!... Hier links ist die Küche. Unsere Küche ist klein, aber praktisch.
INGE	Und wer kocht?
HORST	Wir alle, Jens, Gisela, Renate und ich.
INGE	Und das ist das Wohnzimmer?
HORST	Ja. Es ist ein bißchen dunkel, aber es geht.

109

INGE   Eure Sessel gefallen mir.
HORST Sie sind alt, aber sehr bequem. Oben sind dann vier Schlafzimmer
       und das Bad.
INGE   Nur ein Bad?
HORST Ja, leider! Aber hier unten ist noch eine Toilette.
INGE   Und was bezahlt ihr im Monat?
HORST 200 DM pro Nase.
INGE   Nicht schlecht! Und wie kommst du zur Uni?
HORST Zu Fuß natürlich! Es ist ja nur ein Katzensprung!
INGE   Das klingt gut!

ÜBUNGSBLATT 6A: ....

TWO-WAY PREPOSITIONS

A. Ersetzen Sie die Präposition!

   1. Die Jungen spielen vor dem Haus. (an / See)
      Die Jungen spielen an dem See.

      ....

   2. Das Telefon ist neben dem Bett. (in / Schlafzimmer)
      Das Telefon ist im Schlafzimmer.

      ....

   3. Stellen Sie das Fahrrad *(bicycle)* vor das Haus!
      (in / Garage)
      Stellen Sie das Fahrrad in die Garage!

      ....

   4. Legen Sie das Papier auf den Schreibtisch! (unter /
      Bücher)
      Legen Sie das Papier unter die Bücher!

      ....

B. Antworten Sie mit der neuen Präposition!

   1. Wo ist die Bank? (neben / Hotel)
      Neben dem Hotel.

      ....

2. Wohin sollen wir die Kommode stellen? (in / Schlafzimmer)
   Ins Schlafzimmer!

   ....

WO VS. WOHIN?

C. Stellen Sie Fragen!

   Die Kinder sind in der Schule
   Wo sind die Kinder?

   ....

ÜBUNGSBLATT 6B: ....

TEIL ZWEI

THE IMPERATIVE

D. Bilden Sie den Imperativ!

   1. Sagen Sie Frau Meier, was sie tun soll!

      gut schlafen
      Schlafen Sie gut!

      ....

   2. Sagen Sie Inge und Rainer, was sie tun sollen!

      zu Fuß gehen
      Geht zu Fuß!

      ....

111

3. Sagen Sie Detlef, was er tun soll!

   Deutsch sprechen
   Sprich Deutsch!

   ....
   ....

ÜBUNGSBLATT 6C: ....

WISSEN VS. KENNEN

E. Ersetzen Sie das Subjekt!

   1. Sie wissen die Antwort. (er)
      Er weiß die Antwort.

      ....

   2. Ich weiß, wo die Post ist. (die Kinder)
      Die Kinder wissen, wo die Post ist.

      ....

F. Antworten Sie mit Nein, aber ich weiß..., und ersetzen Sie
   das Pronomen!

   Kennst du Jutta? (interessant)
   Nein, aber ich weiß, daß sie interessant ist.

   ....

AUSSPRACHE *(See also II.37-39 in the pronunciation section of the Appendix.)*

Hören Sie zu, und wiederholen Sie!

1. [ai] w<u>ei</u>t, l<u>ei</u>der, <u>ei</u>gentlich, z<u>ei</u>gen, f<u>ei</u>ern, bl<u>ei</u>ben
2. [au] <u>au</u>f, bl<u>au</u>gr<u>au</u>, B<u>au</u>m, K<u>au</u>fh<u>au</u>s, br<u>au</u>chen, l<u>au</u>fen
3. [oi] <u>eu</u>ch, h<u>eu</u>te, t<u>eu</u>er, L<u>eu</u>te, Fr<u>eu</u>nde, H<u>äu</u>ser, B<u>äu</u>me, Fr<u>äu</u>lein

B. Wortpaare

  1. a. *by*   4. a. Hause
     b. bei   b. Häuser

  2. a. *Troy*   5. a. aus
     b. treu   b. Eis

  3. a. *mouse*   6. a. euer
     b. Maus   b. Eier

  Was hören Sie jetzt? ....

113

VERSTEHEN SIE?

Hier ist ein Bild von einem Haus. Passen Sie auf! Ist das, was ich sage, richtig oder falsch?

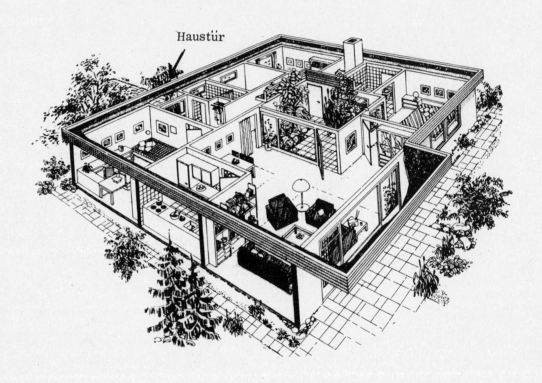

Haustür

ÜBUNGSBLATT 6D: ....
                ....

DIKTAT

ÜBUNGSBLATT 6E: ....

EINBLICKE

Schaffen, sparen, Häuschen bauen

ÜBUNGSBLATT 6

A. GESPRÄCHE

1. a. Sie ist ziemlich alt.
   b. Sie ist schön groß und hell.
   c. Sie ist unmöbliert.
   d. Sie kostet zu viel.

2. a. Jens, Gisela, Renate und Horst.
   b. Inge.
   c. Der Vermieter.
   d. Acht Studenten.

3. a. Eins
   b. Vier
   c. 200
   d. Viele

4. a. Klein, aber praktisch.
   b. Ein bißchen dunkel.
   c. Schön groß und hell.
   d. Alt, aber sehr bequem.

B. TWO-WAY PREPOSITIONS and WO, WOHIN

1. a. Die Studenten essen _____.

   b. Die Jacke liegt _____.

   c. Legen Sie das Buch _____.

   d. Wir hängen das Bild _____.

2. a. _____ Gisela?

   b. _____ die Straßenbahn?

115

C. THE IMPERATIVE

1. _____ ein Taxi!

2. _____ den Apfel!

3. _____ Papier!

D. VERSTEHEN SIE?

1. Richtig   Falsch   6. Richtig   Falsch
2. Richtig   Falsch   7. Richtig   Falsch
3. Richtig   Falsch   8. Richtig   Falsch
4. Richtig   Falsch   9. Richtig   Falsch
5. Richtig   Falsch   10. Richtig   Falsch

E. DIKTAT

_____

_____

_____

_____

_____

_____

ZU HAUSE

(Kapitel 6)

A. Erweitern Sie Ihren Wortschatz!

German and English share in the large international vocabulary based primarily on Greek and Latin. For each of the words below, put a stress mark (') at the end of the stressed syllable. (If you don't remember, look in the end vocabulary of your textbook.)

1. Atmosphäre
2. Biologie
3. Bibliothek
4. Dialekt
5. Information
6. Konsulat
7. Medizin
8. Museum
9. Republik
10. Theater
11. Universität
12. Zentrum
13. diskutieren
14. reservieren
15. studieren
16. demokratisch
17. interessant
18. privat
19. supermodern
20. typisch

117

B. Bilden Sie ganze Sätze!

1. wohin / ihr / fahren / in / Sommer?

_____

2. ich / fahren / in / Schweiz // weil / mein Bruder / leben / in /
   Schweiz

_____

_____

3. wir / können / schwimmen / in / See / oder / gehen / in Wald

_____

_____

4. Sie / kennen / Hermann?

_____

5. Sie / wissen // wo / er / arbeiten?

_____

6. ich / denken // in / Geschäft / zwischen / Drogerie / und /
   Supermarkt

_____

_____

C. Auf deutsch, bitte!

1. Put *(formal)* the plates in the kitchen.

   _____

2. Put *(pl. fam.)* the carpet in the living room.

   _____

3. Where am I supposed to hang the picture?

   _____

4. I don't know. Hang *(sg. fam.)* it over the sofa.

   _____

5. Where is the bathroom? Go into the hallway *(formal)*. It's next to
   the bedroom.

   _____

   _____

D. Die deutschen Länder. Sehen Sie auf die Karte, und schreiben Sie dann
auf, was fehlt!

Westdeutschland hat _____ Länder. Sie heißen
                                 (1)

Sch_____, Ha_____, Br_____,
          (2)   (3)   (4)

Nie_____, No_____,
       (5)   (6)

He_____, R_____, S_____,
     (7)   (8)   (9)

Baden-_____ und Bay_____.
           (10)   (11)

_____ liegt in der DDR, aber es gehört zu
(12)

_____. Bremen und Hamburg sind nicht nur
(13)

Länder, sondern auch _____. Schwaben gehört zu
(14)

_____. Es liegt westlich von _____
(15)   (16)

und südlich von _____. Bad_____ und
(17)   (18)

Bay_____ haben viele Berge. _____
(19)   (20)

hat viel Wasser.

E. Aufsatz

*Write a paragraph describing your family's home or apartment, the place
where you live now, or your dream house (Ihr Traumhaus).*

Da wohne ich / Da möchte ich wohnen

Wo ist das Haus (die Wohnung, das Zimmer)? In der Stadt oder auf dem
Land? Wie alt ist es/sie? Welche Zimmer sind unten, welche oben? Was
für Möbel sind im Wohnzimmer? Wie sieht Ihr Zimmer aus? Haben Sie auch
einen Garten (einen Balkon, eine Garage, einen Pool)?

KAPITEL

7

IM SPRACHLABOR

TEIL EINS

GESPRÄCHE

Auf der Bank

TOURISTIN   Guten Tag! Können Sie mir sagen, wo ich Geld umwechseln
              kann?
ANGESTELLTER Am Schalter 2.
TOURISTIN   Vielen Dank! (Sie geht zum Schalter 2.) Guten Tag! Ich
              möchte Dollar in Franken umwechseln. Hier sind meine
              Reiseschecks.
ANGESTELLTE   Darf ich bitte Ihren Paß sehen?
TOURISTIN   Bitte schön!
ANGESTELLTE   Unterschreiben Sie hier! -- Gehen Sie dort zur Kasse! Hier
              ist Ihre Nummer.
TOURISTIN   Danke! (Sie geht zur Kasse.)
KASSIERER   224 Franken 63 (Fr. 224,63): einhundert--zweihundert--zehn--
              zwanzig--vierundzwanzig Franken und dreiundsechzig Rappen.
              Bitte schön!
TOURISTIN   Danke schön! Auf Wiedersehen!

***

An der Rezeption im Hotel

EMPFANGSDAME Guten Abend!
        GAST Guten Abend! Haben Sie ein Einzelzimmer frei?
EMPFANGSDAME Für wie lange?
        GAST Für zwei oder drei Nächte. Wenn möglich ruhig und mit Bad.
EMPFANGSDAME Leider haben wir nur noch ein Doppelzimmer, und das nur für
              eine Nacht. Wollen Sie es sehen?
        GAST Ja, gern.

123

EMPFANGSDAME   Zimmer Nummer 12, im ersten Stock rechts. Hier ist der
                       Schlüssel.
       GAST   Sagen Sie, wo kann ich mein Auto lassen?
EMPFANGSDAME   In der Garage hinterm Hotel.
       GAST   Und wann machen Sie abends zu?
EMPFANGSDAME   Um 24 Uhr. Wenn Sie später kommen, müssen Sie klingeln.

UBUNGSBLATT 7A: ....

FORMAL TIME

A. Wie spät ist es? Lesen Sie!

   z.B. 22.10 Uhr
   Es ist zweiundzwanzig Uhr zehn.

   13.35 Uhr / 4.28 Uhr / 9.15 Uhr / 16.50 Uhr / 19.45 Uhr / 12.12 Uhr

DER- AND EIN-WORDS

B. Ersetzen Sie den Artikel!

   1. dieser Ausweis *(every)*
      jeder Ausweis

      ....

   2. in meiner Tasche *(her)*
      in ihrer Tasche

      ....

   3. solche Schlüssel *(all)*
      alle Schlüssel

      ....

C. Antworten Sie!

   1. In welchem Zimmer ist das Gepäck? (sein)
      In seinem Zimmer.

      ....

2. Trägst du keinen Koffer? (ihr)
   Doch, ich trage ihren Koffer.

   ....

3. Welches Fahrrad soll ich nehmen? (dein)
   Nimm dein Fahrrad!

   ....

D. Wem gehört die Tasche? Antworten Sie mit <u>nein</u>!

   Gehört die Tasche Richard?
   Nein, er hat seine Tasche.

   ....

ÜBUNGSBLATT 7B: ....

TEIL ZWEI

SEPARABLE-PREFIX VERBS

E. Ersetzen Sie das Subjekt!

1. Robert geht heute aus. (ich)
   Ich gehe heute aus.

   ....

2. Helga kauft morgen wieder ein. (ihr)
   Ihr kauft morgen wieder ein.

   ....

F. Ersetzen Sie das Verb!

1. Wann steht Hans auf? (ankommen)
   Wann kommt Hans an?

   ....

125

2. Rita soll den Wein einkaufen. (mitbringen)
   Rita soll den Wein mitbringen.

   ......　　......　　......　　......

3. Ich weiß, daß du heute ausgehst. (abfahren)
   Ich weiß, daß du heute abfährst.

   ......　　......　　......　　......

G. Antworten Sie mit <u>ja</u>!

   Soll ich den Scheck einlösen?
   Ja, lös den Scheck ein!

   ......　　......　　......　　......　　......　　......

ÜBUNGSBLATT 7C: ......　　　......

AUSSPRACHE *(See also II.37, 40-41 in the pronunciation section of the Appendix.)*

A. Hören Sie zu, und wiederholen Sie!

   1. [ei]　　s<u>ei</u>t, w<u>ei</u>ßt, bl<u>ei</u>bst, l<u>ei</u>der, b<u>ei</u>
   2. [ie]　　w<u>ie</u>v<u>ie</u>l, l<u>ie</u>ben, l<u>ie</u>gen, l<u>ie</u>st, s<u>ie</u>hst
   3. [ei/ie]　B<u>ei</u>sp<u>ie</u>l, v<u>ie</u>ll<u>ei</u>cht, W<u>ie</u>n / W<u>ei</u>n; B<u>ei</u>ne / B<u>ie</u>ne;
   　　　　　　bl<u>ei</u>ben / bl<u>ie</u>ben; L<u>ie</u>der / l<u>ei</u>der; z<u>ei</u>gen / Z<u>ie</u>gen;
   　　　　　　h<u>ie</u>ßen / h<u>ei</u>ßen

B. Wortpaare

   1. a. See　　　　　　4. a. Miete
   　　b. sie　　　　　　　　b. Mitte

   2. a. beten　　　　　5. a. leider
   　　b. bieten　　　　　　　b. Lieder

   3. a. biete　　　　　6. a. Mais
   　　b. bitte　　　　　　　b. mies

   Was hören Sie jetzt? ......　　......　　......　　......　　......　　......

VERSTEHEN SIE?

Hotelinformation

DER HOTELEINGANG
IST AB 24°° GESCHLOSSEN

Hausschlüssel MITNEHMEN.

Abreisen BITTEN WIR BIS 10°° UHR
anzukündigen

U. DAS ZIMMER BIS 12°° FREIZUGEBEN,
ANDERNFALLS MUSS EINE WEITERE
NACHT BERECHNET WERDEN.

Frühstückszeiten

MONTAG u. SAMSTAG VON 7°° - 10°°

DIENSTAG, MITTWOCH, DONNERSTAG
UND FREITAG   VON 6³° - 10°°

SONNTAG   VON 8°° - 10°°

RESTAURANT
täglich bis 24 Uhr geöffnet.

ÜBUNGSBLATT 7D: ....

DIKTAT

ÜBUNGSBLATT 7E: ....

EINBLICKE

Übernachtungsmöglichkeiten

127

ÜBUNGSBLATT 7

A. GESPRÄCHE

1. Richtig   Falsch   4. Richtig   Falsch
2. Richtig   Falsch   5. Richtig   Falsch
3. Richtig   Falsch   6. Richtig   Falsch

B. FORMAL TIME AND DER AND EIN-WORDS

1. a. _____ Uhr.

    b. _____ Uhr.

2. a. Nein, das ist nicht _____ Koffer.

    b. Nein, das ist nicht _____ Auto.

C. SEPARABLE-PREFIX VERBS

1. Ja, _____!

2. Ja, _____!

D. VERSTEHEN SIE?

1. a. Im Restaurant.   4. a. Um halb sieben.
   b. Am Hoteleingang.   b. Um sieben.
   c. Zu Hause.   c. Um acht.

2. a. Parkhotel.   5. a. Wenn sie abfahren.
   b. Schloßhotel.   b. Wenn sie lange schlafen.
   c. Hotel am See.   c. Wenn sie nach zwölf nach Hause kommen.

3. a. Im Parterre.
   b. Im ersten Stock.
   c. Im zweiten Stock.

E. DIKTAT

_____

_____

_____

_____

_____

_____

_____

ZU HAUSE

(Kapitel 7)

A. Erweitern Sie Ihren Wortschatz!

The first element in a compound noun is not always a noun, but may be a verb or an adjective.

1. Bilden Sie Hauptwörter! Geben Sie die Pluralformen! Was bedeuten sie auf englisch?

   z.B. essen + Zimmer = <u>das Eßzimmer, -</u>   <u>dining room</u>
        baden + Zimmer = <u>das Badezimmer, -</u> <u>bathroom</u>

   a. reis__en__ + Wetter = _____

   b. duschen + Vorhang _____

   c. kaufen + Haus = _____

   d. kochen + Buch = _____

   e. les__en__ + Ecke = _____

   f. lieg__en__ + Stuhl = _____

   g. parken + Platz = _____

   h. tanzen + Stunde = _____

   i. tragen + Tasche = _____

   j. wechseln + Geld = _____

2. Welches Adjektiv ist in dem Wort? Was bedeutet das auf englisch?
   *(Draw a line between the adjective and the noun. Then find the
   English equivalent of the compound.)*

   z.B. Schwarz/wald   <u>Black Forest</u>

   a. Altstadt   _____   *breakfast*
                                                             change
                                                             express route
   b. Fertighaus   _____   *leisure time*
                                                             marinated pot roast
                                                             old (part of the) town
   c. Freizeit   _____   *prefabricated house*
                                                             refrigerator
                                                             regular mail
   d. Frühstück   _____   *white bread*

   e. Kleingeld   _____

   f. Kühlschrank   _____

   g. Normalpost   _____

   h. Sauerbraten   _____

   i. Schnellweg   _____

   j. Weißbrot   _____

B. Bilden Sie ganze Sätze!

   1. Karl // bitte / aufschreiben / dein / Hausnummer!
      ich / wollen / vorbeibringen / morgen / mein / Scheck

      _____

      _____

2. ihr / ausgehen / heute?
   ja // wir / wollen / besuchen / unser / Freunde

_____

_____

3. in / welch- / Hotel / wir / übernachten?
   in / Pension / gegenüber von / Bahnhof

_____

_____

4. wissen / du // wann / Geschäft / aufmachen?
   dies- / Geschäft / aufmachen / 10 Uhr

_____

_____

5. ich / mögen / bezahlen / mein / Rechnung
   hier / sein / mein / Reisescheck

_____

_____

6. dürfen / ich / sehen / Ihr / Ausweis / oder / Ihr / Paß?

_____

_____

C. Auf deutsch, bitte!

1. Shall I bring your *(sg. fam.)* luggage to (in) your room?

_____

2. For which door is this key?

_____

3. Is it for all doors, also for this entrance?

_____

4. Do you *(pl. fam.)* know your room number?

_____

5. We're taking our keys along, because some hotels close at 11 o'clock.

_____

_____

D. Kreuzworträtsel *(Note: Use ss for ß!)*

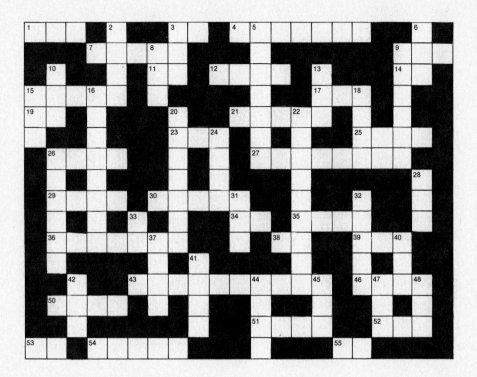

Horizontal:

1. *her*
3. *you*
4. *cash*
7. *my (nom. sg. fem.)*
9. *only*
11. *he*
12. *guest*
14. *around*
15. *to go swimming*
17. *ice cream*
19. *into*
21. *trip*
23. *and*
25. *free*
26. *cold*
27. *counter*
29. *almost*
30. *night*
34. *off (prefix)*
35. *couch*
36. *entrance*
38. *it*
39. *with*
43. *to exchange*
46. *your*
50. *bank*
51. *after*
52. *red*
53. *closed*
54. *our*
55. *egg*

Vertikal:

2. *not a*
3. *the (m.)*
5. *I.D. card*
6. *to the*
8. *new*
9. *number*
10. *one*
13. *lake*
15. *until*
16. *to cash*
18. *juice*
20. *exit*
22. *key*
24. *Sure I do.*
26. *suitcase*
28. *has*
31. *day*
32. *lamp*
33. *there*
37. *Take!*
40. *tea*
41. *bed*
42. *the (n.)*
44. *are*
45. *near*
47. *watch*
48. *red*

135

E. Bitte füllen Sie den Fremdenschein aus! *(Fill out the hotel registration form.)*

Fremdenschein

	Ankunft am

| | Name des Gastes
name - nom | Vorname
chr. name - prénom |

Zimmer Nr. ....

Geburtsdatum date of birth date de naissance	Geburtsort place of birth lieu de naissance	Land/Staat für Geburtsorte im Ausland Staat - State - pays	Staatsangehörigkeit nationality nationalité

Wohnort residence domicile	Straße, Nr. No., street No. rue	Land/Staat für Wohnorte in der Bundesrepublik Staat - State - pays

Begleitet von accompanied by accompagné de		Reisegesellschaft: Zahl der Teilnehmer Tourist-group-number Voyage collectiv-nombre	Unterschrift des Gastes Signature
Ehefrau - wife - épouse Vorname - chr. name - prénom	Kindern - children enfants Zahl - number nombre		

136

F. Dialog

Complete the dialogue by filling in the missing lines.

<u>Im Gasthof</u>

PORTIER   Guten Abend!

GAST   _____

PORTIER   Ja, wir haben noch ein paar Zimmer. Wie groß ist Ihre Familie?

GAST   _____

PORTIER   Wie alt sind die Kinder?

GAST   _____

PORTIER   Und wie lange möchten Sie bleiben?

GAST   _____

PORTIER   Wir haben zwei Doppelzimmer nebeneinander *(next to each other)*
          im 4. Stock.

GAST   _____

PORTIER   95 Mark pro Nacht. Möchten Sie sie sehen?

GAST   _____

PORTIER   Ich brauche noch Ihren Namen und Ihre Adresse.

GAST   _____

PORTIER   Hier sind die Schlüssel. Jörg hilft Ihnen mit Ihrem Gepäck.

GAST   _____

PORTIER   Das Restaurant serviert Abendessen bis 21 Uhr.

GAST   _____

KAPITEL

8

IM SPRACHLABOR

TEIL EINS

GESPRÄCHE

Auf der Bahnhofspost

ANNEMARIE   Ich möchte dieses Paket nach Amerika schicken.
POSTBEAMTER   Normal oder mit Luftpost?
ANNEMARIE   Mit Luftpost. Wie lange dauert das denn?
POSTBEAMTER   Ungefähr zehn Tage. Füllen Sie bitte diese Paketkarte aus! --
Moment! Hier fehlt noch Ihr Absender!
ANNEMARIE   Ach ja! -- Noch etwas. Ich muß telefonieren.
POSTBEAMTER   Wohin?
ANNEMARIE   Nach Basel. Hier ist die Telefonnummer.
POSTBEAMTER   Gehen Sie da drüben in Zelle vier!
ANNEMARIE   Danke!

***

Am Fahrkartenschalter

ANNEMARIE   Wann fährt der nächste Zug nach Basel?
BEAMTIN   In einer Viertelstunde. Abfahrt 14.55, Gleis zwei.
ANNEMARIE   Und wann kommt er dort an?
BEAMTIN   Ankunft in Basel 19.40 Uhr.
ANNEMARIE   Muß ich umsteigen?
BEAMTIN   Ja, in Mannheim. Aber Sie haben Anschluß zum TEE mit nur fünf
Minuten Aufenthalt.
ANNEMARIE   Prima. Dann geben Sie mir bitte eine Rückfahrkarte nach Basel!
BEAMTIN   Erster oder zweiter Klasse?
ANNEMARIE   Zweiter Klasse.
BEAMTIN   220 Mark, bitte!

ÜBUNGSBLATT 8A: ....

139

THE GENITIVE CASE

A. Ersetzen Sie den Genitiv!

1. Sie wohnt auf dieser Seite der Stadt. (Berg)
   Sie wohnt auf dieser Seite des Berges.

   ....

2. Das ist ein Bild meines Großvaters. (meine Tante)
   Das ist ein Bild meiner Tante.

   ....

3. Wo ist das Gepäck des Touristen? (Student)
   Wo ist das Gepäck des Studenten?

   ....

4. Ist das Oskars Fahrkarte? (Frieda)
   Ist das Friedas Fahrkarte?

   ....

5. Statt des Doms zeigt er uns das Museum. (Schloß)
   Statt des Schlosses zeigt er uns das Museum.

   ....

B. Bilden Sie Sätze!

Vater / Landkarte
Wo ist Vaters Landkarte?

....

TIME EXPRESSIONS

C. Ersetzen Sie das Adverb!

1. Fischers fliegen morgen früh ab. (heute morgen)
   Fischers fliegen heute morgen ab.

   ....

2. Morgens spielen wir Tennis. (sonntags)
   Sonntags spielen wir Tennis.

   ....

D. Antworten Sie!

   Wie lange fliegst du? (bis morgen früh)
   Ich fliege bis morgen früh.

   ....

ÜBUNGSBLATT 8B: ....

TEIL ZWEI

SENTENCE STRUCTURE

E. Wohin paßt das neue Adverb? *(Add the new adverb to the sentence.)*

   Wir fahren zum Flughafen. (um halb sieben)
   Wir fahren um halb sieben zum Flughafen.

    1. Sie fliegt nächste Woche.
    2. Er fährt zum Bahnhof.
    3. Ich arbeite im Geschäft.
    4. Sie kommen im Juli.
    5. Karl fliegt von Frankfurt ab.
    6. Ist Herr Braun zu Hause?
    7. Gehst du zum Briefkasten?
    8. Fährt der Junge allein?
    9. Sie müssen den Brief mit Luftpost schicken.
   10. Meine Großeltern reisen nach Österreich.

141

F. Verneinen Sie die Sätze!

   Sabrina wohnt in Berlin.
   Sabrina wohnt nicht in Berlin.

   ....
   ....

ÜBUNGSBLATT 8C: ....

AUSSPRACHE *(See also II.8-10 in the pronunciation section of the Appendix.)*

A. Hören Sie zu, und wiederholen Sie!

   1. [ə]   Adress<u>e</u>, Eck<u>e</u>, Halt<u>e</u>stell<u>e</u>, b<u>e</u>kommen, b<u>e</u>suchen, ein<u>e</u> halb<u>e</u>
            Stund<u>e</u>
   2. [ʌ]   ab<u>er</u>, saub<u>er</u>, eu<u>er</u>, uns<u>er</u>, Zimm<u>er</u>, Numm<u>er</u>, Uh<u>r</u>, wi<u>r</u>, vo<u>r</u>, nu<u>r</u>,
            unt<u>er</u>, üb<u>er</u>, auß<u>er</u>, wied<u>er</u>holen

B. Wortpaare

   1. a. Studenten   4. a. arbeiten
      b. Studentin   b. Arbeitern

   2. a. Touristen   5. a. lese
      b. Touristin   b. Leser

   3. a. diese   6. a. mieten
      b. dieser   b. Mietern

   Was hören Sie jetzt? ....

VERSTEHEN SIE?

Unterwegs

Das ist neu: weiter·fahren   *to continue the trip*
             voll   *full*

ÜBUNGSBLATT 8D: ....

142

DIKTAT

ÜBUNGSBLATT 8E: ....

EINBLICKE

Die Schweiz ist eine Reise wert

ÜBUNGSBLATT 8

A. GESPRÄCHE

    1. Richtig   Falsch   4. Richtig   Falsch
    2. Richtig   Falsch   5. Richtig   Falsch
    3. Richtig   Falsch

B. THE GENITIVE

    1. Das ist _____.

    2. Das ist _____.

    3. Trotz _____ fahren wir aufs Land.

C. TIME EXPRESSIONS

    z.B. Er kommt heute. (nicht)
        Er kommt heute.
               ↑

    1. Wir gehen ins Kino.
    2. Er fliegt nach Berlin.
    3. Sie reisen im Sommer nach Italien.

D. VERSTEHEN SIE?

    1. Richtig   Falsch   4. Richtig   Falsch
    2. Richtig   Falsch   5. Richtig   Falsch
    3. Richtig   Falsch

E. DIKTAT

_____

_____

_____

_____

_____

_____

_____

ZU HAUSE

(Kapitel 8)

A. Erweitern Sie Ihren Wortschatz!

Compound nouns can be either plain (Sommertag) or linked (Geburtstag, Tageszeit, Wochentag). The -s- or -es- link is a genitive form which may also appear with feminine nouns. The -er, -en, and -n- links are plural forms which also connect singular nouns more smoothly. Which link will be used in a compound is not predictable; skill at making new compounds can only be learned through practice and observation.

Underline the link in each of the compound nouns below, and give the English equivalent.

z.B. Suppenlöffel   *soup spoon*

1. Erbsensuppe _____

2. Tomatensalat _____

3. Blumengeschäft _____

4. Straßenname _____

5. Wochenende _____

6. Hosentasche _____

7. Fahrkartenschalter _____

8. Studentenheim _____

9. Kinderzimmer _____

10. Jahreszeit _____

11. Mittagspause _____

12. Abfahrtszeit _____

13. Jugendherbergsausweis _____

14. Übernachtungsmöglichkeit _____

147

B. Bilden Sie ganze Sätze!

1. Margaret // schicken / Junge / mit / Paket / zu / Post!

_____

2. Flugzeug / sollen / ankommen / 16 Uhr / in Düsseldorf

_____

3. dort / wir / besuchen / Bruder / meine Mutter

_____

4. ihr / weiterfahren / mit Zug / am Abend?

_____

5. warum / du / nicht / fahren / mit Zug // ich / nicht / können / verstehen

_____

_____

6. statt / eine Autofahrt / ich / machen / gern / Zugreise

_____

C. Auf deutsch, bitte!

1. During our vacation, we're going by train to Switzerland.

_____

_____

2. On the way, we'll visit my father's friend.

_____

3. I don't know this gentleman, but I know that he lives in Bern.

_____

_____

4. We have to change trains in Basel.

_____

5. Because of my school, we can't leave today. But we'll leave the day
   after tomorrow.

_____

_____

D. Vor dem Züricher Hauptbahnhof. Sehen Sie auf das Bild, und beenden Sie *(finish)* die Sätze!

1. Das Bild zeigt...
   a. einen Zug.
   b. eine U-Bahn.
   c. einen Bus.
   d. eine Straßenbahn

2. Sie fährt...
   a. zum Flughafen.
   b. zum Museum.
   c. zur Alten Brücke.
   d. zum Zoo.

3. Die Leute tragen Mäntel und Jacken, weil...
   a. es nicht warm ist.
   b. es regnet.
   c. es schneit.
   d. es dunkel ist.

5. Die Leute sind...
   a. verschieden.
   b. verrückt.
   c. elegant.
   d. lustig.

4. Die Leute gehen vor der Straßenbahn über die Straße, weil...
   a. sie nicht aufpassen.
   b. man das so tut.
   c. sie schnell laufen können.
   d. das immer sicher ist.

6. Das ist sicher...
   a. auf dem Land.
   b. während der Woche.
   c. nachts.
   d. am Sonntag morgen.

E. Was ist was auf dieser Karte von der Schweiz?

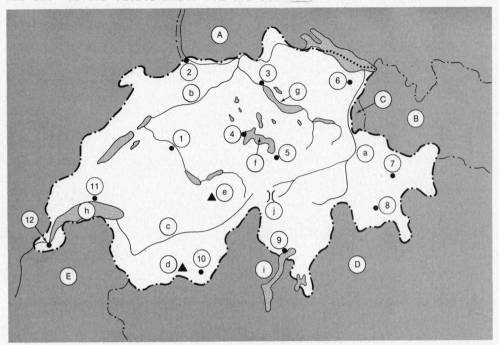

The capital letters on the map above represent different countries;
small letters represent rivers, lakes, mountains, or mountain passes;
numbers stand for cities. Create a key to the map by filling in the
names in the spaces provided below.

A. _____   a. _____   1. _____

B. _____   b. _____   2. _____

C. _____   c. _____   3. _____

D. _____   d. _____   4. _____

E. _____   e. _____   5. _____

                              f. _____   6. _____

                              g. _____   7. _____

                              h. _____   8. _____

                              i. _____   9. _____

                              j. _____   10. _____

                                                           11. _____

                                    151   12. _____

F. Aufsatz

Write a dialogue along the following lines:

<u>Auf dem Bahnhof</u>

Fragen Sie den Mann am Fahrkartenschalter, wann der nächste Zug nach
Zürich fährt, wann er ankommt, ob Sie in Basel umsteigen müssen, wieviel
Zeit Sie in Basel haben, und wieviel die Fahrt kostet! Sie nehmen eine
Rückfahrkarte. Fragen Sie den Mann auch, auf welchem Gleis der Zug
abfährt und wo eine Imbißstube ist!

KAPITEL

9

IM SPRACHLABOR

TEIL EINS

GESPRÄCHE

Am Telefon

FRAU SCHMIDT Hier Frau Schmidt.
BÄRBEL Guten Tag, Frau Schmidt! Ich bin's, Bärbel. Ist Karl-Heinz da?
FRAU SCHMIDT Nein, er ist gerade zur Post gegangen.
BÄRBEL Bitte sagen Sie ihm, daß ich heute abend nicht mit ihm ausgehen kann!
FRAU SCHMIDT Ach, was ist denn los?
BÄRBEL Ich bin krank. Mir tut der Hals weh, und ich habe Kopfschmerzen.
FRAU SCHMIDT Das tut mir aber leid. Gute Besserung!
BÄRBEL Danke. Auf Wiederhören!
FRAU SCHMIDT Auf Wiederhören!

***

Eine gute Idee!

YVONNE Hier bei Mayer.
DANIELA Hallo, Yvonne! Ich bin's, Daniela.
YVONNE Tag, Daniela! Was gibt's Neues?
DANIELA Nichts Besonderes. Hast du Lust, Tennis zu spielen oder zum Trimm-dich-Pfad zu gehen?
YVONNE Zum Trimm-dich-Pfad? Nein, danke. Ich habe noch Muskelkater von vorgestern. Mir tun alle Knochen weh.
DANIELA Lahme Ente! Wollen wir dann Schach spielen?
YVONNE Ja, das ist eine gute Idee! Komm 'rüber!

153

ENDINGS OF PRECEDED ADJECTIVES

A. Kombinieren Sie das Wort mit dem Adjektiv!

   1. das Geschenk (toll)
      das tolle Geschenk

      ....

   2. mein Freund (lieb)
      mein lieber Freund

      ....

   3. ein Zimmer (sauber)
      ein sauberes Zimmer

      ....

   4. den Jungen (klein)
      den kleinen Jungen

      ....

B. Ersetzen Sie das Objekt!

   1. Ist das das bekannte Hotel? (Kirche)
      Ist das die bekannte Kirche?

      ....

   2. Das gehört der alten Dame. (Junge / klein)
      Das gehört dem kleinen Jungen.

      ....

C. Wie komme ich zu meiner kleinen Pension? Antworten Sie mit dem Adjektiv!

Gehen Sie die Straße links! (erst-)
Gehen Sie die erste Straße links!

1. Gehen Sie die Straße rechts!
2. Fahren Sie mit dem Bus!
3. Fahren Sie an dem Park vorbei!
4. Steigen Sie bei dem Café aus!
5. Gegenüber ist das Museum.
6. Neben dem Museum ist die Pension.

REFLEXIVE VERBS

D. Ersetzen Sie das Subjekt!

1. Sie müssen sich beeilen. (du)
   Du mußt dich beeilen.

   ....

2. Ich ziehe mich an. (wir)
   Wir ziehen uns an.

   ....

3. Ich höre mir die Platte an. (wir)
   Wir hören uns die Platte an.

   ....

ÜBUNGSBLATT 9B: ....

TEIL ZWEI

E. Wir sind noch nicht fertig. Sagen Sie, was noch zu tun ist!

duschen
Ich muß mich noch duschen.

   ....

155

INFINITIVE WITH ZU

F. Ersetzen Sie das Verb!

  1. Dort gibt es viel zu sehen. (tun)
     Dort gibt es viel zu tun.

     ....

  2. Es ist einfach, einen Kuchen zu backen. (Geld ausgeben)
     Es ist einfach, Geld auszugeben.

     ....

  3. Es macht Spaß, Schach zu spielen. (Briefmarken sammeln)
     Es macht Spaß, Briefmarken zu sammeln.

     ....

G. Sagen Sie, daß Sie keine Lust dazu haben!

   Gehen wir spazieren.
   Ich habe keine Lust spazierenzugehen.

   ....

ÜBUNGSBLATT 9C: ....

AUSSPRACHE *(See also III.8-10 in the pronunciation section of the Appendix.)*

A. Hören Sie zu, und wiederholen Sie!

  1. [l]   laut, lustig, Lample, Luft, Hals, Geld, Platte, malen,
           spielen, fliegen, stellen, schnell, hell
  2. [ts] zählen, zeigen, ziemlich, Zug, Zahn, Schmerzen, Einzelzimmer,
           erzählen, tanzen, ausgezeichnet, jetzt, schmutzig, trotz,
           kurz, Salz, Sitzplatz

156

B. Wortpaare

1. a. *felt*   4. a. Schweiß
   b. Feld   b. Schweiz

2. a. *hotel*   5. a. seit
   b. Hotel   b. Zeit

3. a. *plots*   6. a. so
   b. Platz   b. Zoo

Was hören Sie jetzt? ....

VERSTEHEN SIE?

<u>Am Telefon</u>

ÜBUNGSBLATT 9D: ....

DIKTAT

ÜBUNGSBLATT 9E: ....

EINBLICKE

<u>Blickpunkt DDR: Mach mit! Bleib fit!</u>

Übungsblatt 9

A. GESPRÄCHE

    1. a. Bärbel
       b. Frau Schmidt.
       c. Karl-Heinz.

    2. a. Karl-Heinz.
       b. Bärbel.
       c. Frau Schmidt.

    3. a. Für Daniela.
       b. Für Yvonne.
       c. Für Bärbel.

    4. a. Yvonne.
       b. Daniela.
       c. Frau Schmidt.

B. ADJECTIVE ENDINGS AND REFLEXIVE VERBS

    1. Das ist aber _____.

    2. Kennst du _____?

    3. Ich möchte _____ die Kirche _____.

    4. Wir _____ _____ oft.

C. INFINITIVE WITH ZU

    1. Hast du Lust _____?

    2. Es ist wichtig, _____.

D. VERSTEHEN SIE?

    1. a. Peter
       b. Dieter
       c. Willi

    2. a. Sie hat sich erkältet.
       b. Sie hat Ohrenschmerzen.
       c. Sie ist vom Baum
          gefallen.

    3. a. Sie hat Klavier gespielt.
       b. Sie hat Karten gespielt.
       c. Sie ist ins Kino gegangen.

    4. a. Er hat keine Lust.
       b. Die Konferenz beginnt.
       c. Er hat nichts zu sagen.

    5. a. In fünf Minuten.
       b. Am Wochenende.
       c. Übermorgen.

E. DIKTAT

_____

_____

_____

_____

_____

_____

_____

ZU HAUSE

(Kapitel 9)

A. Erweitern Sie Ihren Wortschatz!

The first element in a compound verb may be a noun, an adjective, another verb, or a particle (i.e., a preposition or an adverb).

1. Was für ein Wort ist der erste Teil von jedem Verb? Was bedeutet es auf englisch? *(Underline the first element of each compound verb, state what it is, and give the verb's English equivalent.)*

   z.B. <u>teil</u>nehmen   <u>noun; to take part</u>

   a. freinehmen _____   *to come to a stop*
                                                       to clean
                                                       to pay out
   b. aufessen _____   *to finish*
                                                       to hold back
                                                       to eat up
   c. zurückhalten _____ *to bicycle*
                                                       to let in
                                                       to take time off
   d. kopfstehen _____   *to stand on one's*
                                                       *   head*

   e. stehenbleiben _____

   f. saubermachen _____

   g. auszahlen _____

   h. hereinlassen _____

   i. radfahren _____

   j. fertigmachen _____

161

2. **Was gehört zu welchem Verb? Kombinieren Sie!** *(Combine prefixes and verbs for the German equivalent of the English verbs. -- For the meaning of prefixes, see also chapter 7.)*

z.B. *to open up*   <u>aufmachen</u>

auf, aus, ein, herein, mit, nach, vorbei, zu, zurück

bleiben, fahren, fliegen, geben, halten, lassen, laufen, packen, schicken

a. *to pack (in a suitcase)* _____

b. *to unpack* _____

c. *to hold open* _____

d. *to let in* _____

e. *to run after* _____

f. *to drive past* _____

g. *to send along* _____

h. *to give back* _____

i. *to fly back* _____

j. *to stay closed* _____

B. **Was fehlt?**

Ich habe ein neu_____ Hobby: Photographieren. Gestern bin ich durch
            (1)
unsere klein_____ Stadt gelaufen. Vor dem groß_____ Kaufhaus habe ich
      (2)   (3)
ein schön_____ Bild von einer jung_____ Mutter mit ihrem klein_____
    (4)   (5)   (6)
Kind gemacht. Dann bin ich auf den Turm *(tower)* unserer alt_____
                                       (7)
Kirche gestiegen *(climbed up)*. Von da habe ich einen wunderbar_____
                                         (8)
Blick *(m., view)* auf die Stadt gehabt. Auf dem Turm ist auch ein

alt_____ Herr gewesen. Ich bin eine halb_____ Stunde da geblieben.
  (9)   (10)
Dieser alt_____ Herr hat während der ganz_____ *(whole)* Zeit von seinem
        (11)   (12)
besonder_____ Hobby gesprochen. Was für ein besonder_____ Hobby hat
    (13)   (14)
er gehabt? Photographie!

C. Auf deutsch, bitte!

1. Do you *(sg. fam.)* feel like playing soccer?

_____

2. No, I don't feel well. I have a stomach-ache.

_____

_____

3. You *(sg. fam.)* sit too much and don't keep in shape.

_____

_____

4. I'm going to sit down in the garden and read a book.

_____

_____

5. Why don't you *(sg. fam.)* call Willi? Maybe he has time to play
   soccer with you.

_____

_____

D. Die DDR. Sehen Sie auf die Landkarten von der DDR, und ergänzen Sie
   (complete) die Sätze!

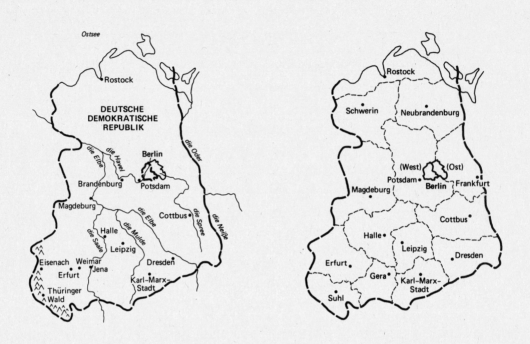

Die Hauptstadt der DDR ist _____. Berlin liegt an der
                                    (1)

S_____. Brandenburg und Potsdam liegen an der H_____.
        (2)   (3)

Im Osten der DDR ist die _____. Im Südwesten der DDR ist der
                              (4)

T_____ Wald. Dresden und Magdeburg liegen an der
      (5)

E_____. Sie fließt (flows) durch die ganze DDR und dann in die
      (6)

Bundesrepublik. Weimar liegt zwischen E_____ und
                                              (7)

J_____. Leipzig liegt zwischen der S_____ und der
      (8)   (9)

M_____. Die DDR nennt *(calls)* ihre Länder nicht Länder, sondern
    (10)

Bezirke *(districts)*. Wie Sie auf der zweiten Landkarte sehen können,

hat sie _____ Bezirke.
       (11)

E. Aufsatz

*Write a dialogue between two acquaintances (10-12 sentences). One tries
to persuade the other that they should do something together; the other
has various excuses.*

<u>Mach mit!</u>

Ideas for activities: Lust haben, mögen/wollen,
    spazierengehen, schwimmen (gehen), Tennis spielen, sich
    Musik anhören, ins Kino oder Museum gehen, etc.
Reasons for not joining in: müde, keine Zeit, mir tut ... weh, ich habe
    ...schmerzen, sich erkälten, sich nicht wohl fühlen, etc.

KAPITEL

10

IM SPRACHLABOR

TEIL EINS

GESPRÄCHE

Blick in die Zeitung

SONJA   Sag mal, Stephan, was gibt's denn heute abend im Fernsehen?
STEPHAN   Keine Ahnung! Bestimmt nichts Besonderes.
SONJA   Laß mich mal sehen! -- *Familie Feuerstein*, einen Dokumentarfilm
     und einen alten Krimi.
STEPHAN   So ein Quatsch!
SONJA   Vielleicht gibt's 'was im Kino?
STEPHAN   Ja, *Die Ehre der Prizzis* und *Männer*.
SONJA   Interessiert mich nicht.
STEPHAN   Im Theater gibt's *Mutter Courage*.
SONJA   Toll! Hast du Lust?
STEPHAN   Ja, das klingt gut. Gehen wir!

***

An der Theaterkasse

STEPHAN   Haben Sie noch Karten für heute abend?
FRÄULEIN   Ja, erste Reihe erster Rang rechts und Parkett Mitte.
STEPHAN   Zwei Plätze im ersten Rang! Hier sind unsere Studentenausweise.
FRÄULEIN   14 DM, bitte!
STEPHAN   Wann fängt die Vorstellung an?
FRÄULEIN   Um 20.15 Uhr.

***

167

<u>Während der Pause</u>

STEPHAN   Möchtest du eine Cola?
  SONJA   Ja, gern. Aber laß mich bezahlen! Du hast schon die Programme
          gekauft.
STEPHAN   Na gut. Wie hat dir der erste Akt gefallen?
  SONJA   Prima! Ich habe *Mutter Courage* mal in der Schule gelesen, aber
          noch nie auf der Bühne gesehen.
STEPHAN   Du, wir müssen zurück auf unsere Plätze.

ÜBUNGSBLATT 10A: ....

VERBS WITH PREPOSITIONAL OBJECTS

A. Ersetzen Sie das Objekt!

   1. Evi wartet auf die Straßenbahn. (Taxi)
      Evi wartet auf das Taxi.

      ....

   2. Schreiben Sie an die Zeitung! (Gasthof)
      Schreiben Sie an den Gasthof!

      ....

   3. Ich habe mich über das Programm geärgert. (die Vorstellung)
      Ich habe mich über die Vorstellung geärgert.

      ....

<u>DA</u>- AND <u>WO</u>-COMPOUNDS

B. Womit ersetzen Sie das Objekt?

   für meinen Onkel   für unser Haus
   für ihn   dafür

   ....
   ....

C. Was ist wo? Hören Sie zu!

Auf dem Tisch ist meine Gitarre. (Platte / auf)
Die Platte ist darauf.

....

ÜBUNGSBLATT 10B: ....

TEIL ZWEI

D. Wie fragen Sie nach dem Objekt?

an die Eltern   an die Tafel
an wen?   woran?

....
......

E. Wie bitte? Fragen Sie noch einmal!

Mutter wartet auf eine Antwort.
Worauf wartet sie?

....

UNPRECEDED ADJECTIVE ENDINGS

F. Ersetzen Sie das Objekt!

1. Alle möchten frischen Salat. (Brot)
   Alle möchten frisches Brot.

   ....

2. Hier ist ein Glas kaltes Wasser. (Wein)
   Hier ist ein Glas kalter Wein.

   ....

G. Welche Endung hat das neue Adjektiv!

Peter hat einige Ideen. (gut)
Er hat einige gute Ideen.

....

ÜBUNGSBLATT 10C: ....

AUSSPRACHE *(See also II.9 and III.11 in the pronunciation section of the Appendix.)*

A. Hören Sie zu, und wiederholen Sie!

1. [r]   <u>r</u>ot, <u>r</u>osa, <u>r</u>uhig, <u>r</u>echts, <u>R</u>adio, <u>R</u>egal, <u>R</u>eklame, <u>R</u>oman, P<u>r</u>ogramm, Do<u>r</u>f, Fah<u>r</u>t, Gita<u>rr</u>e, trau<u>r</u>ig, k<u>r</u>ank, He<u>rr</u>en
2. [ʌ]   Orchest<u>er</u>, Theat<u>er</u>, Mess<u>er</u>, Tell<u>er</u>, ab<u>er</u>, unt<u>er</u>, üb<u>er</u>, wied<u>er</u>, weit<u>er</u>
3. [ʌ/r]   U<u>hr</u>/U<u>hr</u>en; O<u>hr</u>/O<u>hr</u>en; Tü<u>r</u>/Tü<u>r</u>en; Cho<u>r</u>/Chö<u>r</u>e; Auto<u>r</u>/Auto<u>r</u>en; Klavi<u>er</u>/Klavi<u>er</u>e; saub<u>er</u>/saub<u>er</u>e

B. Wortpaare

1. a. *ring*   4. a. *brown*
   b. Ring   b. braun

2. a. *Rhine*   5. a. *tear*
   b. Rhein   b. Tier

3. a. *fry*   6. a. *tour*
   b. frei   b. Tour

Was hören Sie jetzt? ....

VERSTEHEN SIE?

<u>Im Theater</u>

Das ist neu: der Mörder   *murderer*
             die Platzanweiserin   *usher*
             böse   *mad, angry*
             Verflixt!   *Darn it!*

ÜBUNGSBLATT 10D: ....

NAME _____ DATUM _____ KURS _____

DIKTAT

ÜBUNGSBLATT 10E: ....

EINBLICKE

Die Kolonialisierung der Köpfe

ÜBUNGSBLATT 10

A. GESPRÄCHE

    1. a. Mutter Courage.
       b. Die Ehre der Prizzis.
       c. Familie Feuerstein.

    3. a. Brecht
       b. Stephan
       c. Sonja

    2. a. Im ersten Rang.
       b. Im Parkett.
       c. Im zweiten Rang.

B. VERBS WITH PREPOSITIONAL OBJECTS AND DA-COMPOUNDS

    1. Erzählen Sie uns _____ !

    2. Ärgere dich nicht _____ !

    3. Um acht ist die Vorstellung. Die Party ist _____ .

C. WO-COMPOUNDS AND ADJECTIVE ENDINGS

    1. a. _____ freuen sie sich?

       b. _____ schreibt er?

    2. a. Das ist _____ .

       b. Wir möchten _____ .

       c. Der Ober kommt mit _____ .

D. VERSTEHEN SIE?

1. Richtig   Falsch   4. Richtig   Falsch
2. Richtig   Falsch   5. Richtig   Falsch
3. Richtig   Falsch

E. DIKTAT

_____

_____

_____

_____

_____

_____

_____

ZU HAUSE

(Kapitel 10)

A. Erweitern Sie Ihren Wortschatz!

*Most German infinitives can be used as nouns. They fulfill the same
function as the English gerund.*

z.B. Das ___Tanzen___ macht uns Spaß.
          dancing

1. Das _____ ist ein schöner Sport.
      skiing

2. Auch heute verbringen *(spend)* viele Hausfrauen ihre Tage mit

   _____, _____, _____ und
     shopping   *cleaning*   *washing*

   _____.
     cooking

3. Heute halten sich viele Leute mit _____, _____
                 running   *hiking*

   oder _____ fit.
       swimming

4. Meiner Mutter macht das _____ Spaß, meinem Vater das
             reading

   _____, meiner Schwester das _____ und meinem
   taking pictures   *playing the piano*

   kleinen Bruder das _____.
          watching TV

B. Bilden Sie ganze Sätze!

1. ich / sich anhören / gern / schön / Platten

_____

2. du / sich interessieren / -- / modern / oder / klassisch / Musik?

_____

_____

3. er / sprechen / immer / -- / groß / Reisen

_____

4. er / sammeln / deutsch / und / amerikanisch / Briefmarken

_____

5. was / man / können / machen / mit / alt / Briefmarken?

_____

6. Hobbys / viel / Leute / sein / interessant

_____

C. Auf deutsch, bitte!

1. Did I tell you (pl. fam.) about tonight?

_____

2. Christiane and I are going to the theater.

_____

3. I'm looking forward to it. I love exciting detective stories.

_____

_____

4. I bought expensive tickets. We have excellent seats.

_____

_____

5. Are you *(sg. fam.)* interested in the theater? What do you think
   of it?

_____

_____

6. Please tell *(sg. fam.)* me about the play tomorrow.

_____

_____

D. **Im Radio.** Sehen Sie sich das Rundfunkprogramm an, und ergänzen Sie *(complete)* die Sätze!

```
┌─────────────────────────────────────┐
│  ┌───────────────────────────────┐   │
│  │       Mittwoch                │   │
│  └───────────────────────────────┘   │
│                                       │
│            25. Oktober                │
│                                       │
│         Deutschlandfunk               │
├─────────────────────────────────────┤
│  Nachrichten: 0.00, stündlich         │
│  bis 4.00, 4.30, 5.00, 5.30, 6.00,    │
│  6.30, 7.00, 7.30, 8.00, stündlich    │
│  bis 19.00, 20.00, 21.30, 22.00,      │
│  23.00.                               │
├─────────────────────────────────────┤
│  6.10  Musik zu früher Stunde         │
│  6.55  Landfunk                       │
│        Gartentips                     │
│  7.15  Tieflandindianer               │
│        Ein Bericht aus Süd-           │
│        amerika                        │
│  9.15  Schulfunk                      │
│ 10.05  ● Tanz- und                    │
│        Unterhaltungsmusik             │
│ 11.10  Heute und morgen               │
│        Informationen für              │
│        die ältere Generation          │
│ 12.05  Internationale                 │
│        Presse                         │
│ 12.30  ◐ Joseph Haydn:                │
│        Sinfonie Nr. 16                │
│ 13.10  Neue Bücher – Neue             │
│        Platten                        │
│ 14.05  Gesundheit                     │
│ 14.10  Aus Kunst                      │
│        und Wissenschaft               │
│ 14.30  Programm für Kinder            │
│ 15.00  ◐ Aus dem Tanzstudio           │
│ 16.00  ● Glückwünsche                 │
│        und Musik                      │
│ 17.30  Kommentar                      │
│ 18.05  Deutschland                    │
│        und die Welt                   │
│ 19.10  Kinderchor                     │
│ 19.30  ● Vom Walzer                   │
│        zum Swing                      │
│ 20.05  Sport                          │
│ 20.15  ◐ Giacomo Meyerbeer:           │
│        Die Afrikanerin                │
│        Große Oper in fünf             │
│        Akten                          │
│ 21.40  ◐ Sinfoniekonzert              │
│ 22.20  Wochenpresse                   │
│ 22.30  ● Nachtprogramm                │
└─────────────────────────────────────┘
```

Morgens um fünf sind _____. Um Viertel nach sieben
$\qquad$ (1)

bringen sie einen Bericht *(report)* aus _____. Um fünf
$\qquad$ (2)

nach zehn ist _____. Sie ist in
$\qquad$ (3)

178

Stereo. Zwei Stunden später gibt es die _____ .
(4)

Um zehn nach eins sprechen sie über _____ und
(5)

_____ und danach über die _____ . Um halb
(6) (7)

_____ hört man Musik vom Walzer zum Swing. Um acht sind wieder
(8)

_____ . Eine Viertelstunde später bringen sie eine
(9)

_____ von Meyerbeer. Dieses Rundfunkprogramm ist für
(10)

_____ , den 25. Oktober.
(11)

E. Dialog

Fill in the missing lines.

<u>An der Theaterkasse</u>

FRÄULEIN   Guten Abend!

HERR   _____

_____

FRÄULEIN   Am Donnerstag und Freitag „ Wilhelm Tell", am Samstag
„ Maria Stuart".

HERR   _____

_____

FRÄULEIN   Es tut mir leid. Für Freitag ist alles ausverkauft *(sold out)*.

HERR   _____

_____

FRÄULEIN   Ja, wir haben noch Plätze im Parkett und im Rang.

HERR   _____

FRÄULEIN   72 Mark, bitte!

HERR   _____

FRÄULEIN   Um 20 Uhr.

HERR   _____

FRÄULEIN   Ungefähr um 22.30 Uhr.

HERR   _____

KAPITEL

IM SPRACHLABOR

TEIL EINS

GESPRÄCHE

Gesucht wird

HOLGER   Na, Lothar, woran denkst du? Oder soll ich fragen an wen?
LOTHAR   Ach, an Sabine.
HOLGER   Sabine, Sabine. Du denkst den ganzen Tag an Sabine.
LOTHAR   Ich weiß. Sie aber nicht an mich. Sie will diesen Sommer auch
         nicht mit mir segeln.
HOLGER   Vergiß sie! Setz doch mal eine Anzeige in die Zeitung! Vielleicht
         lernst du auf diese Weise ein anderes Mädchen kennen.
LOTHAR   Da hast du recht. Man kann's ja mal versuchen.
HOLGER   Komm, ich helfe dir! Also, du bist sympathisch, sportlich,
         naturverbunden, frei und segelst gern. Und wie muß sie sein?
LOTHAR   Einfach nett, attraktiv und unternehmungslustig.

***

Blick in die Zeitung

UTE   Du, hör mal! „ Sympathischer, sportlicher Typ, 29/170,
         naturverbunden, frei, segelt gern im Mittelmeer. Sucht nette,
         attraktive, unternehmungslustige Partnerin. Wenn's paßt, für mehr
         als einen Sommer." Wollen wir da mal schreiben?
ANNELIE Das klingt nicht schlecht.
UTE   Aber?
ANNELIE Wer weiß, was das für ein Typ ist.
UTE   Versuch's doch mal! Was kannst du schon verlieren?
ANNELIE Nein, ich habe keine Lust. Tu du's doch!
UTE   Ja, warum nicht?

181

THE SIMPLE PAST

A. Ersetzen Sie das Subjekt!

  1. Sie versuchten es nicht. (ich)
    Ich versuchte es nicht.

    ....

  2. Ich wartete auf Klaus. (wir)
    Wir warteten auf Klaus.

    ....

  3. Warum wußten wir nichts davon? (er)
    Warum wußte er nichts davon?

    ....

  4. Da mußte ich lachen. (alle)
    Da mußten alle lachen.

    ....

  5. Onkel Otto rief gestern an. (viele)
    Viele riefen gestern an.

    ....

B. Ersetzen Sie das Verb!

  Sonja wollte ein Radio. (sich wünschen)
  Sonja wünschte sich ein Radio.

  ....

C. Eine alte Geschichte. Erzählen Sie sie in der Vergangenheit *(simple past)!*

  So beginnt die Geschichte.
  So begann die Geschichte.

  ....
  ....
  ....
  ....

ÜBUNGSBLATT 11B: ....

TEIL ZWEI

THE CONJUNCTIONS <u>ALS</u>, <u>WENN</u>, <u>WANN</u>

D. Bilden Sie einen Satz!

   1. Beginnen Sie mit <u>Sie war nicht da, als...</u>!

      Er kam herein.
      Sie war nicht da, als er hereinkam.

      ....

   2. Beginnen Sie mit <u>Ich sage es Ihnen, wenn...</u>!

      Ich weiß mehr.
      Ich sage es Ihnen, wenn ich mehr weiß.

      ....

   3. Beginnen Sie mit <u>Wissen Sie, wann...</u>!

      Die Ferien beginnen.
      Wissen Sie, wann die Ferien beginnen?

      ....

THE PAST PERFECT

E. Ersetzen Sie das Subjekt!

   1. Wir hatten noch nicht angefangen. (du)
      Du hattest noch nicht angefangen.

      ....

   2. Sie waren spazierengegangen. (ich)
      Ich war spazierengegangen.

      ....

F. Nach dem Erdbeben *(earthquake)*. Was hatten Sie gerade
gemacht? <u>Haben</u> oder <u>sein</u>?

Ich hatte etwas gelesen. (in die Küche gegangen.)
Ich war in die Küche gegangen.

....

ÜBUNGSBLATT 11C: ....

AUSSPRACHE *(See also II.1, 4 and 5 in the pronunciation section of the
Appendix.)*

A. Hören Sie zu, und wiederholen Sie!

1. [f] <u>f</u>ast, <u>f</u>ertig, <u>f</u>ühlen, <u>f</u>reundlich, ö<u>ff</u>nen, Brie<u>f</u>
2. [f] <u>v</u>erliebt, <u>v</u>erlobt, <u>v</u>erheiratet, <u>v</u>orbei, <u>v</u>ielleicht,
   <u>ph</u>antastisch, <u>ph</u>otographieren, wie<u>v</u>iel
3. [v] <u>V</u>ideo, Kla<u>v</u>ier, Sil<u>v</u>ester, Pullo<u>v</u>er, Uni<u>v</u>ersität
4. [v] <u>w</u>er, <u>w</u>en, <u>w</u>em, <u>w</u>essen, <u>w</u>arum, sch<u>w</u>arz, sch<u>w</u>er, z<u>w</u>ischen

B. Wortpaare

1. a. *wine*   4. a. *veal*
   b. Wein   b. viel

2. a. *when*   5. a. Vetter
   b. wenn   b. Wetter

3. a. *oven*   6. a. vier
   b. Ofen   b. wir

Was hören Sie jetzt? ....

VERSTEHEN SIE?

Der Herr im Haus

Das ist neu: selbst   *yourself*
              die Henne, -n *hen*
              das Pferd, -e *horse*

ÜBUNGSBLATT 11D: ....

DIKTAT

ÜBUNGSBLATT 11E: ....

EINBLICKE

<u>König Drosselbart</u>

ÜBUNGSBLATT 11

A. GESPRÄCHE

    1. a. An Sabine.
       b. Ans Segeln.
       c. An ein anderes Mädchen.

    2. a. Er will mit ihr segeln.
       b. Er will sie vergessen.
       c. Er will es einmal versuchen.

    3. a. Sympathisch und sportlich.
       b. Nett, attraktiv und unternehmungslustig.
       c. Naturverbunden und frei.

    4. a. Sie interessiert sich nicht für ihn.
       b. Sie hat keine Lust.
       c. Sie segelt nicht gern.

B. THE SIMPLE PAST

    1. Sie _____ die ganze Nacht.

    2. Wir _____ uns um den Tisch.

    3. Er _____ nicht an die Zeit.

    4. Sie _____ alle wieder ein.

C. ALS, WENN, WANN AND PAST PERFECT

    1. a. als   wenn   wann
       b. als   wenn   wann
       c. als   wenn   wann

    2. a. Die Leute _____ aus der Oper _____.

       b. Das Fräulein _____ laut _____.

187

D. VERSTEHEN SIE?

1. Richtig   Falsch   4. Richtig   Falsch
2. Richtig   Falsch   5. Richtig   Falsch
3. Richtig   Falsch

E. DIKTAT

_____

_____

_____

_____

_____

_____

ZU HAUSE

(Kapitel 11)

A. Erweitern Sie Ihren Wortschatz!

Many adjectives are derived from other adjectives or from verbs or nouns. Certain suffixes characterize them as adjectives. A substantial number of adjectives you know end in -ig, -lich, -isch, or -bar.

1. Was ist das Adjektiv dazu?

z.B. der Schmutz *(dirt)*   schmutzig

a. die Ruhe   _____

b. die Lust   _____

c. der Tag   _____

d. der Freund   _____

e. der Sport   _____

f. das Glück   _____

g. die Musik   _____

h. die Phantasie   _____

i. das Wunder *(miracle)*   _____

j. die Furcht *(fear, awe)*   _____

2. Verstehen Sie diese Adjektive? Welches Wort ist darin? Was
   bedeutet das auf englisch? *(You are familiar with the words
   from which these adjectives are derived. Give their English
   equivalent.)*

   z.B. geldlich   *monetary*

   a. eßbar   _____   j. geschäftlich _____

   b. lesbar   _____   k. mütterlich   _____

   c. waschbar   _____   l. hungrig   _____

   d. dankbar   _____   m. salzig   _____

   e. hörbar   _____   n. eisig   _____

   f. stündlich _____   o. schläfrig   _____

   g. feierlich _____   p. typisch   _____

   h. fraglich   _____   q. telefonisch _____

   i. brieflich _____   r. spielerisch _____

   *audible, by letter, by telephone, concerning business, edible, festive,
   grateful, hourly, hungry, icy, legible, motherly, playful, questionable,
   salty, sleepy, typical, washable*

NAME _____ DATUM _____ KURS _____

B. Was fehlt?

Das ist neu: der Müller   *miller*
             Stroh zu Gold spinnen   *to spin straw into gold*

Rumpelstilzchen

1. leben   In einem kleinen Land _____ ein Müller mit
                                              (1)

2. erzählen   seiner Tochter. Eines Tages _____ er dem
                                                      (2)

                  König, daß sie Stroh zu Gold spinnen konnte. Am

3. gehen   nächsten Tag _____ er mit seiner Tochter zum
                                    (3)

4. bringen   Schloß. Der König _____ sie in ein Zimmer
                                            (4)

5. sagen   voll Stroh und _____: „ Spinn das Stroh zu
                                        (5)

6. zumachen   Gold!" Dann _____ er die Tür _____. Das
                                      (6)   (6)

7. wissen   Mädchen _____ aber nicht, wie man Stroh zu
                                (7)

8. sitzen   Gold spinnt. Es _____ im Zimmer und
                                          (8)

9. weinen   _____. Da _____ ein kleines Männchen
10. hereinkommen   (9)   (10)

11. fragen   _____ und _____: „ Was gibst du
                        (10)   (11)

12. nehmen   mir, wenn ich dir helfe?" Die Tochter _____
                                                               (12)

13. aufhören   ihren Ring vom Finger, und das Männchen _____
                                                                 (13)

                  nicht _____, bis es alles Stroh zu Gold gesponnen
                          (13)

191

14. freuen   hatte. Der König _____ sich über das Gold
                                                 (14)

15. bringen   und _____ das Mädchen in ein größeres
                                      (15)

(larger) Zimmer voll Stroh. Das zweite Mal (time)

16. geben   _____ die Tochter dem Männchen ihre Kette
                            (16)

17. haben   (necklace). Aber das dritte Mal _____ sie
                                             (17)

nichts mehr. Da sagte das Männchen: „ Gib mir dein

18. sein   erstes Kind!" Als drei Zimmer voll Gold _____,
                                                (18)

19. heiraten   _____ der König die Müllerstochter, und
                          (19)

20. bekommen   nach einem Jahr _____ sie ein Kind. Jetzt
                                    (20)

21. kommen   _____ das Männchen und _____ das
22. wollen   (21)   (22)

Kind haben. Die Müllerstochter hatte große Angst

(fear) und weinte, bis das Männchen sagte: „ Wenn du in

drei Tagen meinen Namen weißt, kannst du dein Kind

23. denken   haben." Die Müllerstochter _____ an viele
                                        (23)

24. lachen   Namen, aber das Männchen _____ immer und
                                      (24)

sagte: „ Falsch!" Am dritten Tag erzählte ein Mann

der Königin, daß er ein Männchen gesehen hatte, als es

25. tanzen   um ein Feuer (fire) _____ und _____ :
26. singen   (25)   (26)

„ Ach, wie gut, daß niemand weiß, daß ich

27. machen   Rumpelstilzchen heiß'!" Das _____ die
                                    (27)

Königin sehr glücklich. Als das Männchen sie wieder

28. besuchen _____ , fragte sie: „ Heißt du Kurzbein?
               (28)

Heißt du Großfuß? Oder heißt du vielleicht

29. werden   Rumpelstilzchen?" Da _____ das Männchen
                            (29)

30. rennen   furchtbar böse, _____ aus dem Schloß und
                           (30)

kam nie wieder.

C. Auf deutsch, bitte!

1. When are they getting married?

_____

2. I don't know when.

_____

3. I'll ask them when they come.

_____

193

4. When they were here on the weekend, they didn't say anything.

_____

_____

5. I had just brushed my teeth when she came home with a cake.

_____

_____

6. Had you (*sg. fam.*) waited long for him?

_____

D. Sehen Sie auf die Anzeigen, und beantworten Sie die Fragen!

Wir verloben uns am 23. März.

**Thomas Stoll
Elke Bingel**

Bonn
Julius—Plücker—Str. 8

Köln
Schillerweg 37

Wir haben am 21. Juni geheiratet.

Thomas und Elke Stoll

Frankfurt/Main
Gartenstraße 15

1. Seit wann sind Thomas und Elke verlobt?

_____

2. Wie lange waren sie verlobt?

_____

3. Wann haben sie geheiratet?

_____

4. Wie hieß Elke vorher *(before)*, und wie heißt sie jetzt?

_____

5. Wo haben sie vorher gewohnt, und wo wohnen sie jetzt?

_____

_____

E. Aufsatz

Write a brief story of 10-12 sentences in the simple past.

<u>Aus meinem Leben</u>

Erzählen Sie eine lustige oder eine interessante Geschichte aus Ihrem
Leben! (Ihre Schulzeit, eine Reise, Ferien mit Ihrer Familie...)

KAPITEL

12

IM SPRACHLABOR

TEIL EINS

GESPRÄCHE

<u>Weißt du, was du werden willst?</u>

TRUDI   Sag mal Fränzi, weißt du schon, was du werden willst?
FRANZISKA Ja, Tischlerin.
TRUDI   Ist das nicht sehr anstrengend?
FRANZISKA Ach, daran gewöhnt man sich. Vielleicht mache ich mich eines
           Tages selbständig.
TRUDI   Du hast ja große Pläne!
FRANZISKA Warum nicht? Ich habe keine Lust, immer nur im Büro zu sitzen
           und für andere Leute zu arbeiten.
TRUDI   Glaubst du, du bekommst eine Lehrstelle?
FRANZISKA Ja, meine Tante hat ihre eigene Firma. Sie hat mir schon einen
           Platz angeboten.
TRUDI   Da hast du aber Glück!
FRANZISKA Und wie ist es denn mit dir? Weißt du, was du machen willst?
TRUDI   Vielleicht werde ich Zahnärztin. Gute Zahnärzte braucht man
           immer, und außerdem verdient man gut.
FRANZISKA Da mußt du aber lange studieren.
TRUDI   Ich weiß, aber ohne das geht's nicht.

ÜBUNGSBLATT 12A: ....

197

THE COMPARISON OF ADJECTIVES AND ADVERBS

A. Geben Sie den Komparativ und den Superlativ!

lang
länger, am längsten

....
....

B. Ersetzen Sie das Adjektiv!

1. Bärbel ist so sportlich wie Ulrike. (fit)
   Bärbel ist so fit wie Ulrike.

   ....

2. Inges Wohnung ist größer als meine Wohnung. (ruhig)
   Inges Wohnung ist ruhiger als meine Wohnung.

   ....

3. Dieses Stück wird immer besser. (bekannt)
   Dieses Stück wird immer bekannter.

   ....

4. Das ist das beste Geschäft. (groß)
   Das ist das größte Geschäft.

   ....

5. Dieser Film war am lustigsten. (gut)
   Dieser Film war am besten.

   ....

C. Karl und Otto

Otto ist nicht so musikalisch wie Karl. (sportlich)
Aber er ist sportlicher.

....

ÜBUNGSBLATT 12B: ....

TEIL ZWEI

THE FUTURE

D. Ersetzen Sie das Subjekt!

1. Wir werden ihn anrufen. (du)
   Du wirst ihn anrufen.

   ....

2. Ich werde mich beeilen. (ihr)
   Ihr werdet euch beeilen.

   ....

3. Wird er kommen können? (Annalena und Sebastian)
   Werden Annalena und Sebastian kommen können?

   ....

E. Was machen die Studenten während der Semesterferien?

   Ich arbeite in einem Büro.
   Ich werde in einem Büro arbeiten.

   ....

ÜBUNGSBLATT 12C: ....

AUSSPRACHE *(See also III.3 in the pronunciation section of the Appendix.)*

Hören Sie zu, und wiederholen Sie!

1. [p] Obst, Herbst, Erbse, hübsch, halb, gelb
        BUT [p/b] verliebt/verlieben; bleibt/bleiben; habt/haben
2. [t] und, gesund, anstrengend, Geld, Hand, sind
        BUT [t/d] Freund/Freunde; Bad/Bäder; Kind/Kinder; wird/werden
3. [k] Tag, Zug, Weg, Bahnsteig, Flugzeug, Berg
        BUT [k/g] fragst/fragen; fliegst/fliegen; trägst/tragen;
        legst/legen

VERSTEHEN SIE?

Was bin ich?

ÜBUNGSBLATT 12D: ....

DIKTAT

ÜBUNGSBLATT 12E: ....

EINBLICKE

Was wird werden?

ÜBUNGSBLATT 12

A. GESPRÄCHE

1. _____

2. _____

3. _____

B. COMPARISON

1. Rainer ist _____ Katrin.

2. Die Tage werden _____.

3. Diese Firma bezahlt _____.

4. Herr Bauer ist _____ Rechtsanwalt in der Stadt.

C. THE FUTURE

1. Sie _____ darüber _____.

2. Ich _____ sie dazu _____.

D. VERSTEHEN SIE?

1. Sie *(you)* sind _____ und arbeiten

_____.

2. Sie sind _____ und arbeiten

_____.

3. Sie sind _____ und arbeiten

_____.

a. Krankenschwester
b. Wissenschaftler
c. Polizist
d. Rechtsanwalt
e. Verkäufer
f. Lehrer

g. in der Schule
h. im Supermarkt
i. im Krankenhaus *(hospital)*
j. zu Hause
k. auf der Straße
l. an der Universität

E. DIKTAT

_____

_____

_____

_____

_____

_____

ZU HAUSE

(Kapitel 12)

A. Erweitern Sie Ihren Wortschatz!

Many nouns are derived from adjectives. Feminine nouns are characterized by such suffixes as -e, -heit, and -keit.

Bilden Sie Hauptwörter *(nouns)*!

1. z.B. lang (ä)   die Länge

   a. kurz (ü) _____ *shortness*

   b. warm (ä) _____ *warmth*

   c. kalt (ä) _____ *cold*

   d. nah (ä) _____ *nearness, vicinity*

   e. weit _____ *width, distance*

   f. groß (ö) _____ *size*

2. z.B. frei   die Freiheit

   a. sicher _____ *safety, certainty*

   b. dumm _____ *stupidity*

   c. gesund _____ *health*

   d. krank _____ *sickness*

   e. schön _____ *beauty*

   f. faul _____ *laziness*

3. z.B. wichtig   die Wichtigkeit

   a. gemütlich _____ *coziness*

   b. möglich _____ *possibility*

c. freundlich _____ *friendliness*

d. sauber _____ *cleanliness*

e. traurig _____ *sadness*

f. häßlich _____ *ugliness*

B. Was fehlt?

Lieber Onkel Alfred!

Gerade hat man mich aus Berlin angerufen. Ich kann auch

dort eine Stelle als Journalistin haben. Du weißt ja

schon, daß ich in Hamburg eine Möglichkeit habe. Was

soll ich tun? Beruflich wird eine Stadt so

1. interessant _____ wie die andere sein. Die
                        (1)

2. groß   Pressestadt Hamburg hat einige der _____
                                                          (2)

              Zeitungen und Zeitschriften Deutschlands. Hamburg ist

3. wichtig   der _____ deutsche Hafen *(port)*. Nach
                        (3)

              Hamburg kommen Geschäftsleute aus allen Teilen der Welt.

4. nah   In Berlin kommt man dem Osten am _____,
                                                          (4)

              ohne daß man im Osten lebt. Politisch ist Berlin eine

5. interessant der _____ Städte der Welt.
                        (5)

6. schlecht   Finanziell ist Hamburg für mich _____.
                                                          (6)

204

7. wenig   Ich werde dort _____ verdienen als in

(7)

Berlin. Auch werden die Wohnungen in Hamburg

8. teuer   _____ sein. Aber es ist

(8)

9. schwer   _____ für mich, von Berlin nach

(9)

Hause zu reisen als von Hamburg. Von dort ist die Fahrt

10. kurz   nach Köln _____ und _____ .
11. billig   (10)   (11)

12. nah   Auch ist Hannover _____ . Da arbeitet,

(12)

wie Du weißt, mein Freund Detlef. Vor ein paar Wochen

bin ich in beiden Städten gewesen, und ich finde es

nicht leicht zu sagen, welche Stadt mir

13. gut   _____ gefallen hat. Das Klima

(13)

14. gesund   *(climate)* in Berlin soll das _____

(14)

in Deutschland sein, und das Kulturleben am

15. toll   _____ . Das Wetter in Hamburg ist

(15)

16. furchtbar   bestimmt das _____ , aber Hamburg

(16)

17. groß   hat die „ _____ , _____ ,
18. alt   (17)   (18)

19. bekannt   _____ und _____
20. teuer   (19)   (20)

205

Oper in Deutschland", wie man hier sagt. Die Menschen

21. offen   in Berlin fand ich _____,
                                        (21)

22. freundlich _____ und _____
23. gemütlich   (22)   (23)

                als in Hamburg, und nicht so reserviert und

24. ruhig   _____ wie dort. Ich weiß wirklich
                        (24)

25. gern   nicht, wo ich _____ wohnen und
                                        (25)

                arbeiten möchte. Laß mich wissen, was Du denkst.

                        Viele Grüße,

                                Deine Ingeborg

C. Schreiben Sie die Sätze in der Zukunft!

1. An das Wetter gewöhnst du dich.

   _____

2. Dort hat man eine bessere Zukunft.

   _____

3. Ich spreche mit dem Herrn.

   _____

4. Als Wissenschaftler verdienst du weniger, aber die Arbeit ist
   interessanter.

   _____

   _____

5. Ihr habt auch mehr Verantwortung.

   _____

6. Das gefällt euch.

   _____

207

D. Vergleichen Sie (compare)!

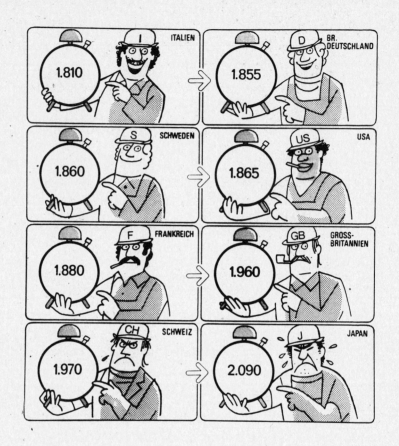

Die Deutschen arbeiten ungefähr _____ Stunden im Jahr. Das
                                          (1)

sind zehn Stunden _____ als die Amerikaner und
                        (2)

fünfundvierzig Stunden _____ als die Italiener. Die
                              (3)

Schweden arbeiten ungefähr genauso viel _____ die Deutschen.
                                                (4)

Die Japaner arbeiten _____. Das hört man
                            (5)

_____ wieder. Daß die Japaner fleißig_____ sind, weiß
        (6)   (7)

208

jeder. Ich habe immer gedacht, daß die Deutschen fleißig_____ sind als
                                                           (8)

die Franzosen. Aber daß sie faul_____ sind als die Amerikaner,
                             (9)

das kann ich mir nicht vorstellen. Vielleicht ist das, weil die

Deutschen _____ (more often) Ferien haben.
                 (10)

E. Aufsatz

Write 8-10 sentences about your plans for the weekend or the next vacation. When appropriate, use the future tense.

Wochenendpläne / Ferienpläne

KAPITEL

13

IM SPRACHLABOR

TEIL EINS

GESPRÄCHE

Bei der Immatrikulation

PETRA   Tag, David! Wie geht's?
DAVID   Danke, gut. Und dir?
PETRA   Prima! Was machst du denn da?
DAVID   Ich muß diese Antragsformulare hier ausfüllen.
PETRA   Soll ich dir helfen?
DAVID   Wenn du Zeit hast.
PETRA   Hast du deinen Paß dabei?
DAVID   Nein, wieso?
PETRA   Darin ist deine Aufenthaltserlaubnis. Die brauchen wir.
DAVID   Ich kann ihn ja schnell holen.
PETRA   Tu das! Ich warte hier auf dich.

***

Etwas später

DAVID   Hier ist mein Paß. Ich muß mich jetzt auch bald entscheiden, was
        ich belegen soll. Kannst du mir da auch ein bißchen helfen?
PETRA   Na klar. Was ist denn dein Hauptfach? Wofür interessierst du dich?
DAVID   Mein Hauptfach ist moderne Geschichte. Ich möchte Kurse über
        deutsche Geschichte und Literatur belegen.
PETRA   Hier ist mein Vorlesungsverzeichnis. Sehen wir mal...!

ÜBUNGSBLATT 13A: ....

211

THE PRESENT-TIME SUBJUNCTIVE

A. Ersetzen Sie das Subjekt!

1. Da hätte ich ein gutes Einkommen. (du)
   Da hättest du ein gutes Einkommen.

   ....

2. Dann wären sie selbständig. (ihr)
   Dann wäret ihr selbständig.

   ....

3. Sie würden eine Zeitung holen. (er)
   Er würde eine Zeitung holen.

   ....

4. Wann könnten wir weiterfahren? (ich)
   Wann könnte ich weiterfahren?

   ....

5. Wenn ich das wüßte! (du)
   Wenn du das wüßtest!

   ....

6. Er käme bestimmt. (die Leute)
   Die Leute kämen bestimmt.

   ....

B. Sagen Sie die Sätze im Konjunktiv!

1. Ich fahre in die Stadt.
   Ich würde in die Stadt fahren.

   ....

2. Sie ist zu stolz.
   Sie wäre zu stolz.

   ....

212

C. Ersetzen Sie das Verb!

    1. Wenn er etwas lernte... (fleißig arbeiten)
       Wenn er fleißig arbeitete...

       ....

    2. Wenn du kommen könntest... (heiraten wollen)
       Wenn du heiraten wolltest...

       ....

    3. Wenn sie kämen... (daran teilnehmen)
       Wenn sie daran teilnähmen...

       ....

D. Was würden Sie tun, wenn Sie Zeit hätten?

    Wenn ich Zeit hätte, würde ich eine Reise machen. (mitkommen)
    Wenn ich Zeit hätte, würde ich mitkommen.

    ....

ÜBUNGSBLATT 13B: ..../....   ......
                ....

TEIL ZWEI

THE PAST-TIME SUBJUNCTIVE

E. Ersetzen Sie das Subjekt!

    1. Ich hätte das nicht getan. (wir)
       Wir hätten das nicht getan.

       ....

    2. Sie wäre weitergefahren. (ihr)
       Ihr wäret weitergefahren.

       ....

213

3. Wir hätten dort wohnen können. (er)
   Er hätte dort wohnen können.

   ....

F. Ersetzen Sie das Verb!

   Wenn ich Zeit gehabt hätte... (zu Fuß gehen)
   Wenn ich zu Fuß gegangen wäre...

   ....
   ....

G. Was hättet ihr getan, wenn es geregnet hätte?

   Wir hätten etwas anderes gemacht. (nicht zu Hause bleiben)
   Wir wären nicht zu Hause geblieben.

   ....
   ....

ÜBUNGSBLATT 13C: ....

AUSSPRACHE

Hören Sie zu, und wiederholen Sie!

1. [z]   sauber, sicher, Semester, Seminar, Pause
2. [s]   Ausweis, Kurs, Professor, wissen, lassen, fleißig
3. [št] Studium, Stipendium, Student, bestehen, studieren, anstrengend
4. [st] erste, beste, meistens, desto, Komponist, Kunst
5. [šp] Spiel, Sport, Spaß, Sprache, spät, spannend

VERSTEHEN SIE?

Können Sie schweigen?

Das ist neu: schweigen   *to keep a secret*
             leise   *soft(ly)*

ÜBUNGSBLATT 13D: ....

DATUM _____

NAME _____

DIKTAT

ÜBUNGSBLATT 13E: ....

EINBLICKE

Ein Jahr drüben wäre super!

ÜBUNGSBLATT 13

A. GESPRÄCHE

1. Richtig   Falsch   4. Richtig   Falsch
2. Richtig   Falsch   5. Richtig   Falsch
3. Richtig   Falsch

B. INDICATIVE VS. SUBJUNCTIVE

1. a. Indikativ Konjunktiv   d. Indikativ Konjunktiv
   b. Indikativ Konjunktiv   e. Indikativ Konjunktiv
   c. Indikativ Konjunktiv   f. Indikativ Konjunktiv

2. a. Wenn du uns _____ _____....

   b. Wenn er dir _____....

   c. Wenn ihr krank _____....

   d. Wenn Manfred _____....

C. PAST-TIME SUBJUNCTIVE

1. Wenn ich gewußt hätte, _____ ich dir _____.

2. Wenn ich das gewußt hätte, _____ ich auch

   _____.

3. Wenn ich das gewußt hätte, _____ ich es dir

   _____.

217

D. VERSTEHEN SIE?

1. a. In der Bibliothek.
   b. In der Nähe der Uni.
   c. Im Hörsaal.

2. a. Vor ihr.
   b. Vor einer Prüfung.
   c. Vor dem Labor.

3. a. Zu einer Tasse Kaffee.
   b. Zu einem Glas Bier.
   c. Zu einem Teller Suppe.

4. a. Er fand sie nett.
   b. Er wollte etwas über Stipendien
      wissen.
   c. Er wollte etwas über die Prüfung
      wissen.

5. a. Nein, sie sagte ihm nichts.
   b. Ja, sie hat ihm alles gesagt.
   c. Vielleicht.

E. Diktat

_____

_____

_____

_____

_____

_____

NAME _____ DATUM _____ KURS _____

DIKTAT

ÜBUNGSBLATT 13E: ....

EINBLICKE

Ein Jahr drüben wäre super!

ZU HAUSE

(Kapitel 13)

A. Erweitern Sie Ihren Wortschatz!

Among the most common nouns derived from verbs are nouns ending in -er and -ung. The nouns ending in -er are all masculine. Feminine nouns can be derived from them by adding -in (verkaufen: der Verkäufer, die Verkäuferin). All nouns ending in -ung are feminine.

1. Geben Sie das Hauptwort! Was bedeutet das auf englisch?

   z.B. malen   <u>der Maler; painter</u>

   a. denken   _____ _____

   b. finden   _____ _____

   c. zu Fuß gehen   _____ _____

   d. hören   _____ _____

   e. lesen   _____ _____

   f. samm(e)ln   _____ _____

   g. Ski laufen (ä) _____ _____

   h. sprechen   _____ _____

   i. träumen   _____ _____

2. Geben Sie das Hauptwort! Was bedeutet das auf englisch?

   z.B. erkälten   <u>die Erkältung; cold</u>

   a. bedeuten   _____ _____

   b. bestellen   _____ _____

   c. bezahlen   _____ _____

219

d. einladen   _____ _____

e. empfehlen   _____ _____

f. entschuldigen _____ _____

g. erklären   _____ _____

h. landen   _____ _____

i. wiederholen   _____ _____

B. Was fehlt?

Lieber Peter!

Wir haben uns sehr über Deinen Anruf gefreut. Es

1. sein   _____ ja prima, wenn Du mit Deiner Familie
(1)

2. können   nach Deutschland kommen _____. Im
(2)

3. sein   September _____ Michael und Doris nicht

hier, so daß wir für Euch Platz im Haus

4. haben   _____. Wenn Ihr aber lieber in einem Hotel
(4)

5. übernachten   _____ _____, _____ Ihr
6. müssen   (5)   (5)   (6)

7. bestellen   uns schreiben. Dann _____ wir Euch Zimmer
(7)

8. nehmen   _____. Ich _____ mir während
(7)   (8)

Eures Besuchs ein paar Tage frei _____.
(8)

9. interessieren Wofür _____ Ihr Euch _____?
                   (9)   (9)

10. müssen Ihr_____ Euch natürlich erst München
               (10)

11. machen ansehen. Den Kindern _____ der Zoo Spaß
                         (11)

        _____, und Deiner Frau der Botanische
             (11)

12. sein Garten. Und wie _____ es mit Schlössern und
                   (12)

13. sehen Burgen (castles)? Die Kinder _____ doch
                     (13)

14. sollen sicher gern Neuschwanstein. Wir _____ auch
                     (14)

        eine Fahrt auf der Alpenstraße machen. Und wenn das

15. sein Wetter schlecht _____, _____ wir
16. können   (15)   (16)

        immer in ein Museum gehen. Du hast auch gesagt, Ihr

17. mögen _____ Salzburg wieder sehen. Auf dem Weg
            (17)

18. haben _____ wir die Möglichkeit, Euch Schloß
            (18)

19. haben Herrenchiemsee zu zeigen. Vielleicht _____
                                (19)

        Ihr auch Lust, in den Bergen zu wandern? Hier gibt

        es wirklich viel zu tun. Ruf uns an, wenn Ihr am

221

Flughafen seid! Besser wäre es noch, wenn wir genau

20. wissen _____, wann Ihr ankommt. Dann könnten wir
                    (20)

Euch abholen *(pick up)*. Also, mach's gut!

Viele Grüße!

Dein Detlef

C. Auf deutsch, bitte!

1. You should think of the future, Miss Wolf.

_____

2. I wish I knew where Peter is.

_____

3. What would happen, if we didn't drive today.

_____

4. The earlier you *(sg. fam.)* come, the more we can see.

_____

5. Would you *(pl. fam.)* please write us a letter?

_____

D. Lesen Sie das Stellenangebot, und schreiben Sie den Text noch einmal im Konjunktiv!

> Wir suchen für sofort oder später:
> BUCHHALTER/IN*. Wir bieten gute Bezahlung,
> 13. Monatsgehalt*, Weihnachtsbonus und
> gleitende* Arbeitszeit. Bitte schreiben Sie
> an: Tierversicherung*, 3200 Hildesheim,
> Schützenallee 35, Telefon O 51 21!

bookkeeper

salary

flexible

animal insurance

1. Wenn ich die Stelle akzeptiere, bekomme ich ein extra Monatsgehalt.
2. Dann habe ich nicht nur zwölf Schecks im Jahr, sondern dreizehn.
3. Zu Weihnachten geben sie mir einen Bonus. 4. Das ist prima. 5. Mit der gleitenden Arbeitszeit habe ich eine bestimmte Stundenzahl pro Woche. 6. Es ist egal, wann ich morgens anfange. 7. Es ist auch egal, wie oft ich Pausen mache. 8. Ich bin einfach so viele Stunden pro Woche im Büro. 9. Hildesheim ist nicht weit von Euch. 10. Das gefällt mir.

_____

_____

_____

_____

_____

_____

_____

_____

_____

_____

_____

223

E. Aufsatz

Write a letter of invitation about 10-12 sentences long to a friend in Germany. Use the subjunctive as much as possible.

<u>Liebe(r)...!</u>

Schreiben Sie ihm/ihr, warum Sie möchten, daß er/sie kommt, und was man hier alles tun könnte! Vielleicht könnte er/sie sogar hier studieren. Was würde das kosten? Wo könnte er/sie wohnen? Wie sähe der Alltag hier an der Uni aus?

KAPITEL

14

IM SPRACHLABOR

TEIL EINS

GESPRÄCH

Hier ist immer etwas los.

HEIKE   Und das ist die Gedächtniskirche mit ihren drei Gebäuden. Wir
        nennen sie den „ Hohlen Zahn", den „ Lippenstift" und die
        „ Puderdose".
MARTIN Ihr Berliner habt doch für alles einen witzigen Namen!
HEIKE   Der alte Turm der Gedächtniskirche soll kaputt bleiben als
        Erinnerung an den Krieg. Die neue Gedächtniskirche mit dem neuen
        Turm ist eben modern.
MARTIN Und sie sieht wirklich ein bißchen aus wie ein Lippenstift und eine
        Puderdose! Sag mal, wie ist das Leben hier?
HEIKE   Phantastisch! Einmalig! Berlin hat sehr viel zu bieten, nicht nur
        historisch, sondern kulturell.
MARTIN Das stimmt schon. Hier ist immer etwas los. Außerdem habt ihr
        eine wunderschöne Umgebung.
HEIKE   Ja, ohne die Seen und Wälder wäre es bestimmt nicht so schön! Und
        wenn du durch die Geschäfte bummelst, fühlst du die Luft der großen
        weiten Welt.
MARTIN Aber die Mauer und der Stacheldraht! Ich meine, ihr habt doch
        rings um euch die Grenze. Ihr lebt doch wie auf einer Insel!
        Stört dich das nicht? Hast du nicht manchmal Angst?
HEIKE   Angst, nein. Man gewöhnt sich daran.
MARTIN Glaubst du, daß es einmal wieder anders wird?
HEIKE   Bestimmt nicht bald. Vielleicht wenn es mal ein Vereintes Europa
        gibt. Jedenfalls wird die deutsche Frage so lange offen bleiben,
        wie das Brandenburger Tor zu ist.

ÜBUNGSBLATT 14A: ....

225

RELATIVE CLAUSES

A. Sagen Sie es mit einem Relativpronomen!

1. Der Arzt ist gut.
   Das ist ein Arzt, der gut ist.

   ....

2. Den Journalisten kenne ich nicht.
   Das ist ein Journalist, den ich nicht kenne.

   ....

3. Wir haben es der Dame gesagt.
   Das ist die Dame, der wir es gesagt haben.

   ....

4. Ich habe das Buch des Professors.
   Das ist der Professor, dessen Buch ich habe.

   ....

5. Wir haben den Leuten geholfen.
   Das sind die Leute, denen wir geholfen haben.

   ....

6. Wir haben mit dem Herrn gesprochen.
   Das ist der Herr, mit dem wir gesprochen haben.

   ....

B. Stellen Sie Fragen!

1. Du hast die Gitarre gekauft.
   Ist das die Gitarre, die du gekauft hast?

   ....

2. Das Auto gehört dem Herrn.
   Wo ist der Herr, dem das Auto gehört?

   ....

3. Der Koffer des Kollegen steht hier.
   Wo ist der Kollege, dessen Koffer hier steht?

   ....

4. Er spricht über einen Komponisten.
   Wie heißt der Komponist, über den er spricht?

   ....

C. Das haben wir zur Hochzeit bekommen.

   Onkel Otto hat uns einen Scheck geschickt.
   Das ist der Scheck, den Onkel Otto uns geschickt hat.

   1. Onkel Otto hat uns einen Scheck geschickt.
   2. Tante Irene hat uns die Gläser gegeben.
   3. Meine Großmutter hat uns die Tassen geschenkt.
   4. Meine Freundin hat das Radio gebracht.
   5. Deine Eltern haben uns den Sessel geschenkt.
   6. Deine Freunde haben das Bild geschickt.

ÜBUNGSBLATT 14B: ....

TEIL ZWEI

INDIRECT SPEECH

D. Was haben sie gesagt oder gefragt?

   1. Hans reist gern nach Saas-Fee.
      Sie sagte, daß Hans gern nach Saas-Fee reiste.

      a. Das Dorf ist autofrei.
      b. Es gibt dort viele Alpenblumen.
      c. Man kann auch im Juli Ski laufen.
      d. Er fährt bald wieder nach Saas-Fee.

227

2. Maria hat ein Jahr in Deutschland studiert.
Er erzählte, daß Maria ein Jahr in Deutschland studiert
hätte.

Beginnen Sie!

a. Es hat ihr dort sehr gut gefallen.
b. In den Ferien ist sie gereist.
c. Sie ist auch in Griechenland gewesen.
d. Sie hat viele Menschen kennengelernt.
e. Sie ist erst im August zurückgekommen.

3. Ist das die Gedächtniskirche?
Sie fragte, ob das die Gedächtniskirche wäre.

a. Haben die Westberliner Angst?
b. Kann man am Wochenende ins Grüne fahren?
c. Ist in Berlin viel los?
d. Gibt es hier noch Wälder?
e. Studieren viele in Berlin?

4. Wo ist das Brandenburger Tor?
Er fragte, wo das Brandenburger Tor wäre.

a. Warum haben die Berliner keine Angst?
b. Wann hat man die Mauer gebaut?
c. Wie viele Menschen leben in West-Berlin?
d. Was soll man sich in Ost-Berlin ansehen?

5. Hören Sie sich ein Konzert an!
Er sagte, sie sollten sich ein Konzert anhören.

a. Gehen Sie in die Oper!
b. Besuchen Sie das Museum!
c. Kaufen Sie etwas auf dem Markt!
d. Gehen Sie im Schloßpark spazieren!
e. Nehmen Sie an der Fahrt teil!

ÜBUNGSBLATT 14C: ....

AUSSPRACHE

Hören Sie zu, und wiederholen Sie!

1. [pf]   Pfeffer, Pfennig, Pfund, Apfel, Kopf, empfehlen
2. [ps]   Psychologie, psychologisch, Psalm, Pseudonym, Kapsel
3. [kv]   Quatsch, Qualität, Quantität, Quartal, bequem

VERSTEHEN SIE?

<u>Einer, der das Warten gelernt hat.</u>

Das ist neu: der Buddha   *Buddha statue*
               reiben, rieb, gerieben *to rub*
               der Tod   *death*

ÜBUNGSBLATT 14D: ....

DIKTAT

ÜBUNGSBLATT 14E: ....

EINBLICKE

<u>„Ich bin ein Berliner"</u>

NAME _____ DATUM _____ KURS _____

ÜBUNGSBLATT 14

A. GESPRÄCHE

1. a. Den Lippenstift.
   b. Den hohlen Zahn.
   c. Die Puderdose.

3. a. Die Stadt hat viel zu bietem.
   b. Das Brandenburger Tor ist zu.
   c. Man gewöhnt sich daran.

2. a. Die Seen und Wälder.
   b. Die Geschäfte.
   c. Die Mauer und der Stacheldraht.

B. RELATIVE CLAUSES

1. Wie heißt _____, _____ wir
   gerade gesprochen haben?

2. Wie heißt _____, _____
   Seminar du belegt hast?

C. INDIRECT SPEECH

1. Sie fragte, _____.

2. Er sagte, _____.

3. Sie sagten den Kindern, _____.

Đ. VERSTEHEN SIE?

1. Richtig   Falsch   4. Richtig   Falsch
2. Richtig   Falsch   5. Richtig   Falsch
3. Richtig   Falsch

231

E. DIKTAT

_____

_____

_____

_____

_____

_____

_____

ZU HAUSE

(Kapitel 14)

A. Erweitern Sie Ihren Wortschatz!

Numerous German nouns are derived from verbs. Some are based on the infinitive stem, others show the vowel change of the simple past or past participle.

1. Bilden Sie das Hauptwort dazu! Was bedeutet das auf englisch? (Diese Wörter sind maskulin.)

   z.B. teilen   <u>der Teil; part</u>

   a. anfangen _____

   b. kaufen _____

   c. danken _____

   d. tanzen _____

   e. sitzen _____

   f. anrufen _____

dance
seat
call
beginning
purchase
thanks

233

2. Bilden Sie das Hauptwort dazu! Was bedeutet das auf englisch? (Diese Wörter sind feminin.)

z.B. reisen   die Reise; trip

a. bitten _____   *love*
                                                        rent
                                                        speech
b. duschen _____   *request*
                                                        search
                                                        shower
c. lieben _____

d. mieten _____

f. suchen _____

3. Was bedeutet das Hauptwort auf englisch? Was ist das Verb dazu?

z.B. die Tat   tun; deed

a. die Hilfe _____   *flight*
                                                   language
                                                   greeting
b. die Teilnahme _____ *help*
                                                   change
                                                   participation
c. die Sprache _____   *change*
                                                   laundry
                                                   wish
d. die Wäsche _____

e. der Flug _____

f. der Wunsch _____

g. der Gruß _____

h. der Wechsel _____

B. Was fehlt?

das   Ein junger Mann hatte bei der Bank, in _____ er arbeitete,
dem
                                           (1)
den   2000 Mark gestohlen *(stolen)*. Als er sah, daß er das Geld,
den
der   _____ er gestohlen hatte, nicht zurückzahlen konnte, bekam
der   (2)
der   er Angst. Er ging zu einem Rechtsanwalt, _____ er kannte
der   (3)
der   und von _____ er wußte, daß er ihm vertrauen *(trust)*
deren   (4)
deren   konnte. Er erzählte ihm alles, auch von seiner Frau, _____
dessen   (5)
die   Boss *(m.)* sie gerade an die frische Luft gesetzt hatte *(i.e. had*
die
die   *fired her)*. Der Rechtsanwalt hörte zu und fragte ihn dann:
die

    „ Wieviel Geld können Sie aus der Bank nehmen, bei _____
                                                          (6)

    sie arbeiten, ohne daß andere Leute, _____ auch dort
                                                    (7)

    arbeiten, es wissen?" „ Nicht mehr als 3000 Mark", sagte der

    junge Mann, _____ nicht verstand, warum der Rechtsanwalt
                                       (8)

    ihn fragte. „ Bringen Sie mir die 3000 Mark, _____ Sie
                                                         (9)

    nehmen können, morgen früh", sagte der Rechtsanwalt. Dann

    schrieb er diesen Brief, _____ er an die Bank schickte,
                                          (10)

    von _____ der junge Mann das Geld gestohlen hatte:
            (11)
    Herr Huber, _____ bei Ihnen arbeitet, hat 5000 Mark
                  (12)

    gestohlen. Seine Familie, _____ ihm helfen möchte, will
                               (13)

    Ihnen die 3000 Mark geben, _____ sie zusammengebracht hat.
                                (14)
    Bitte geben Sie einem jungen Mann, _____ ganzes Leben noch
                                    (15)

    vor ihm liegt, eine Chance! Das tat die Bank, _____ Namen
                                      (16)

    ich nicht nennen möchte, und der junge Mann konnte ein neues

    Leben beginnen.

C. Lesen Sie die Anekdote über Friedrich II. oder Friedrich den Großen von Preußen *(Prussia)*, und wiederholen Sie alle direkte Rede indirekt!

Moses Mendelssohn, der Großvater des Komponisten Felix Mendelssohn, war ein sehr bekannter Philosoph und ein guter Freund Friedrichs II. (des Zweiten). Eines Tages war er beim König zum Abendessen eingeladen. Um sieben Uhr waren alle Gäste da, nur Mendelssohn nicht. Da wurde der König ungeduldig *(impatient)* und fragte: „ *Wo ist Mendelssohn?"* „ *Das weiß ich nicht"*, war die Antwort des Dieners *(servant)*. „ *Das ist typisch für die Philosophen! Wenn sie hinter ihren Büchern sitzen, vergessen sie alles."* Da sagte Friedrich zu seinem Diener: „ *Bringen Sie mir ein Stück Papier!"* Darauf schrieb er dann: „ *Mendelssohn ist ein Esel (ass). Friedrich II."* Das gab er dem Diener und sagte, „ *Legen Sie das auf Mendelssohns Platz!"* Kurz danach kam Mendelssohn, sagte „ *Guten Abend!"* und setzte sich. Er fand den Brief, las ihn und begann zu essen. Der König aber fragte: „ Na, wollen Sie uns nicht sagen, was *auf dem Papier steht?"* Da stand Mendelssohn auf und sagte: „ *Das will ich gern tun. Mendelssohn ist EIN Esel, Friedrich der ZWEITE."*

1. Der König fragte, _____.

2. Der Diener antwortete, _____.

3. Der König meinte, _____

_____

_____.

4. Er sagte dem Diener, _____

_____.

5. Darauf schrieb er, _____.

6. Dann sagte er dem Diener, _____

_____.

7. Der König fragte Mendelssohn, _____

_____.

8. Mendelssohn antwortete, _____.

9. In dem Brief stand, _____

_____.

D. Bildbeschreibung

Make 6-8 statements about the picture below, using relative pronouns wherever possible.

<u>Der Berliner Weltbrunnen am Brandscheidtplatz</u>

_____

_____

_____

_____

NAME _____ DATUM _____ KURS _____

_____

_____

_____

_____

_____

_____

KAPITEL

15

IM SPRACHLABOR

TEIL EINS

GESPRÄCHE

<u>Bürgerinitiative</u>

ROBERT   Schön ist es hier! Wie alt sind denn die Häuser da drüben?
NICOLE   Über 500 Jahre! Man hat sie alle in den letzten paar Jahren
         renoviert.
ROBERT   Da habt ihr aber Glück gehabt!
NICOLE   Was heißt hier Glück? Was meinst du, wie wir kämpfen mußten! Man
         wollte sie abreißen, aber durch eine Bürgerinitiative haben wir sie
         gerettet.
ROBERT   Allerhand! Ich finde es auch prima, daß hier keine Autos fahren.
NICOLE   Das war auch so ein Kampf. Aber die Abgase zerstören einfach
         zuviel.
ROBERT   Ja, man sieht's. Die Fassade des Domes hat ziemlich gelitten.
NICOLE   Den restaurieren wir jetzt auch, und die Luft ist schon viel besser
         geworden.
ROBERT   Das glaube ich gern. Da sieht man's mal wieder: Wo ein Wille ist,
         ist auch ein Weg.

ÜBUNGSBLATT 15A: ....

241

THE PASSIVE VOICE

A. Ersetzen Sie das Subjekt!

   1. Er wird heute photographiert. (wir)
      Wir werden heute photographiert.

     ....

   2. Ich wurde zur Party eingeladen. (ihr)
      Ihr wurdet zur Party eingeladen.

     ....

   3. Du wirst angerufen werden. (Sie)
      Sie werden angerufen werden.

     ....

   4. Ist Trudi schon gefragt worden? (ihr)
      Seid ihr schon gefragt worden?

     ....

   5. Die Leute sollen noch bezahlt werden. (ich)
      Ich soll noch bezahlt werden.

     ....

B. Wer hat das Hotel empfohlen?

   Es wurde von dem Taxifahrer empfohlen. (ein Freund)
   Es wurde von einem Freund empfohlen.

   ....

C. Sagen Sie die Sätze im Aktiv!

   Der Turm wird von den Amerikanern besichtigt.
   Die Amerikaner besichtigen den Turm.

   1. Die Prüfung wird von den Studenten geschrieben.
   2. Das Paket wird von der Firma geschickt.
   3. Der Sauerbraten wird von dem Ober empfohlen.
   4. Die Wohnung wird von der Dame vermietet.

D. Sagen Sie die Sätze im Passiv! *(Don't express the agent.)*

Ich wasche das Auto.
Das Auto wird gewaschen.

....

E. Sagen Sie die Sätze in einer anderen Zeit!

1. In der Vergangenheit

Die Pläne werden gemacht.
Die Pläne wurden gemacht.

....

2. Im Perfekt

Das Schloß wird besucht.
Das Schloß ist besucht worden.

....

3. In der Zukunft

Es wird viel geredet.
Es wird viel geredet werden.

....

ÜBUNGSBLATT 15B: ....

TEIL ZWEI

F. Die Hochzeit. Was muß gemacht werden?

Wir müssen die Hochzeit feiern.
Die Hochzeit muß gefeiert werden.

1. Wir müssen Einladungen schreiben.
2. Wir müssen das Haus putzen.
3. Wir müssen die Blumen bestellen.
4. Wir müssen die Lebensmittel kaufen.
5. Wir müssen den Sekt kalt stellen.
6. Wir müssen Kuchen backen.
7. Wir müssen den Photographen anrufen.

243

THE VARIOUS USES OF <u>WERDEN</u>

G. Jetzt hören Sie zehn Sätze. Welche Funktion hat <u>werden</u>? Ist <u>werden</u> ein
   volles Verb *(a full verb)*, oder ist der Satz in der Zukunft, im
   Konjunktiv oder im Passiv? Passen Sie auf! *(Circle the correct answer.)*

1. volles Verb	Zukunft	Konjunktiv	Passiv
2. volles Verb	Zukunft	Konjunktiv	Passiv
3. volles Verb	Zukunft	Konjunktiv	Passiv
4. volles Verb	Zukunft	Konjunktiv	Passiv
5. volles Verb	Zukunft	Konjunktiv	Passiv
6. volles Verb	Zukunft	Konjunktiv	Passiv
7. volles Verb	Zukunft	Konjunktiv	Passiv
8. volles Verb	Zukunft	Konjunktiv	Passiv
9. volles Verb	Zukunft	Konjunktiv	Passiv
10. volles Verb	Zukunft	Konjunktiv	Passiv

ÜBUNGSBLATT 15C: ....

AUSSPRACHE *(See also II.42 in the pronunciation section of the Appendix.)*

Hören Sie zu, und wiederholen Sie!

1. +Erich +arbeitet +am +alten Dom.
2. Die +Abgase der +Autos machen +einfach +überall +alles
   kaputt.
3. +Ulf +erinnert sich +an +ein +einmaliges +Abendkonzert +im
   +Ulmer Dom.
4. +Otto sieht +aus wie +ein +alter +Opa.
5. +Anneliese +ist +attraktiv +und +elegant.

VERSTEHEN SIE?

<u>Der Mantel</u>

Das ist neu: herum·laufen   *to run around*
              protestieren   *to protest*
              Das ist egal.   *That doesn't matter.*

ÜBUNGSBLATT 15D: ....

DIKTAT

ÜBUNGSBLATT 15E: ....

EINBLICKE

<u>Typisch deutsch?</u>

ÜBUNGSBLATT 15

A. GESPRÄCHE

   1. Richtig   Falsch   4. Richtig   Falsch
   2. Richtig   Falsch   5. Richtig   Falsch
   3. Richtig   Falsch

B. THE PASSIVE VOICE

   1. Die Pläne _____.

   2. Die Häuser _____.

   3. Der Dom _____.

C. THE VARIOUS USES OF <u>WERDEN</u>

   1. volles Verb   Zukunft   Konjunktiv   Passiv
   2. volles Verb   Zukunft   Konjunktiv   Passiv
   3. volles Verb   Zukunft   Konjunktiv   Passiv

D. VERSTEHEN SIE?

   1. a. Der Mantel wäre zu elegant.
      b. Der Mantel sähe furchtbar aus.
      c. Der Mantel sähe toll aus.

   2. a. Hier würde ihn niemand kennen.
      b. Er hätte kein Geld, sich einen Mantel zu kaufen.
      c. Das wäre schade.

   3. a. Er ist von niemand abgeholt (*picked up*) worden.
      b. Er ist von ein paar Studenten abgeholt worden.
      c. Er ist von Einstein abgeholt worden.

4. a. Er meinte, Einstein wäre ein intelligenter Mann.
   b. Er meinte, die Leute könnten schlecht von ihm denken.
   c. Er sagte, er würde ihm einen Mantel kaufen.

5. a. Er sagte „ Dankeschön!"
   b. Das wäre egal, weil ihn jeder kennen würde.
   c. Er hätte keine Zeit, einkaufen zu gehen.

E. DIKTAT

_____

_____

_____

_____

_____

_____

ZU HAUSE

(Kapitel 15)

A. Erweitern Sie Ihren Wortschatz!

1. Was ist das deutsche Wort dafür?

   A (relatively small) number of German words have found their way into the American language and are listed in Webster's. You probably know most of them.

   a. a woman whose horizon
      is limited to her household   _____

   b. an expression used when
      someone sneezes   _____

   c. a special way of singing
      practiced in the Alps   _____

   d. a pastry made of paper-thin
      dough and often filled with
      apples   _____

   e. something like very dry toast,
      often given to teething
      infants   _____

   f. a dog shaped like a sausage
      with short bowed legs   _____

   g. a hot dog   _____

                              or _____

   h. an adjective expressing that
      all is in ruins or done for   _____

   i. a word which implies that
      something isn't real or
      genuine, but a cheaper
      replacement   _____

   j. a cheer given when people
      drink together   _____

249

2. Lesen Sie!

A considerably larger number of English words have entered the German language, especially since World War II. Such sentences as the following are unlikely, but by no means impossible.

a. Das ist der Journalist, der die Story von dem Come-back des Stars brachte.
b. Nach der Show gab das Starlet ein Interview.
c. Gestern haben wir im TV eine wunderbare Jazzshow gesehen. Das Musical heute abend soll auch sehr gut sein.
d. Layout und Design sind hier besonders wichtig. Ein Layouter wird gut bezahlt.
e. Manche Teenager denken, daß Make-up und Sex-Appeal das gleiche sind.
f. Die Effizienz in einem Office hängt vom Teamwork der Angestellten ab.
g. Wenn ein Manager non-stop arbeitet, ist es kein Wunder, daß der Streß zu viel wird.
h. Ein Banker weiß, daß guter Service sehr wichtig ist.

B. Welches ist die richtige Übersetzung *(translation)* für die Verbform?

1. Um 1960 <u>wurde</u> es in Deutschland sehr <u>schwer</u>, genug Industriearbeiter zu finden.

   a. *was difficult*   c. *has been difficult*
   b. *became difficult*   d. *would be difficult*

2. Hunderttausende von ausländischen Arbeitern <u>wurden</u> in die Bundesrepublik <u>eingeladen</u>.

   a. *have invited*   c. *were invited*
   b. *would be invited*   d. *will be invited*

3. Diese Arbeiter aus der Türkei, aus Jugoslawien, Italien, Griechenland, Spanien und anderen Ländern <u>werden</u> Fremdarbeiter oder Gastarbeiter <u>genannt</u>.

   a. *are called*   c. *were called*
   b. *will call*   d. *would be called*

4. Am Anfang glaubte man, daß diese Arbeiter nach ein paar Jahren in ihre Heimat <u>zurückgehen würden</u>.

   a. *will go back*   c. *would go back*
   b. *went back*   d. *have returned*

5. Weil es aber dort keine Arbeit gab, und weil die Arbeit in Deutschland nicht schlecht <u>bezahlt wurde</u>, blieben viele Gastarbeiter in der Bundesrepublik.

   a. *would pay*   c. *would be paid*
   b. *paid*   d. *was paid*

6. Leider <u>wird</u> es ihnen nicht leicht <u>gemacht</u>, sich in das deutsche Leben zu integrieren.

   a. *will make*   c. *will be made*
   b. *is being made*   d. *would be made*

7. Manche deutschen Stadtteile <u>sind</u> griechische oder türkische Gettos <u>geworden.</u>

   a. *have become*   c. *were*
   b. *are becoming*   d. *will become*

8. Weil die Kinder der Gastarbeiter oft kein Deutsch sprechen, <u>ist</u> in den Schulen viel experimentiert <u>worden.</u>

   a. *experiments are being*   c. *experiments will be*
        conducted   *conducted*
   b. *experiments would be*   d. *experiments were*
        conducted   *conducted*

9. Man weiß noch nicht, wo diese Kinder später <u>leben</u> <u>werden</u>.

   a. *would live*   c. *will live*
   b. *lived*   d. *are living*

10. Ohne die Gastarbeiter <u>könnte</u> die deutsche Industrie heute <u>nicht funktionieren</u>.

   a. *can't function*   c. *was unable to function*
   b. *will not be able to function*   d. *couldn't function*

C. Auf deutsch, bitte!

1. Why was that changed?

_____

2. That can easily be explained.

_____

3. What will they do now?

_____

4. It's already getting dark.

_____

5. It hasn't been torn down yet.

_____

6. I'll be a lawyer.

_____

D. Sehen Sie auf das Bild, und lesen Sie den Text dazu! Finden Sie das Passiv und übersetzen Sie die Formen!

z.B. ist aufgenommen worden   <u>was taken</u>

Hier sehen Sie ein Bild von einem bekannten Platz in Frankfurt, dem
Römerberg. Das Bild ist vom Dom aufgenommen worden. Im Dom sind Kaiser
(emperors) und Könige gekrönt *(crowned)* worden. Danach gingen sie zum
Römer, dem Gebäude mit der Zickzack-Fassade, und es wurde gefeiert. Vor
dem Römer wurde dann ein Ochse am Spieß *(ox on a spit)* gebraten
(roasted), und aus dem Brunnen *(fountain)* davor konnte man Wein trinken.
Hinter dem Römer ist das Rathaus und rechts daneben die Paulskirche, in
der 1848 das erste deutsche Parlament gewählt *(elected)* wurde. Zwischen
dem Dom und dem Römer sind früher wunderschöne alte Häuser gewesen.
Leider sind sie alle im Krieg zerstört worden. Heute hat man einige
davon wieder aufgebaut. Auch der Römer, das Rathaus und die Paulskirche
sind gut restauriert worden. Das hat Jahre gedauert, aber es gibt der
Stadt wieder neuen Charme. Im Römer, in dem früher Kaiser gekrönt
wurden, wird heute geheiratet, denn es ist unter anderem *(among other
things)* der Sitz des Frankfurter Standesamts *(official marriage
registrar)*.

1. _____

2. _____

3. _____

4. _____

5. _____

6. _____

7. _____

8. _____

9. _____

253

E. Aufsatz

Write a paragraph of 10-12 sentences about any city. Use the passive voice wherever possible.

<u>Bei uns in....</u>

Beschreiben Sie, was man in einer Stadt macht, die Sie kennen! Werden Gebäude abgerissen oder renoviert? Wird viel gebaut? Ist die Stadt dadurch schöner geworden? Was sollte man tun?

SO IST'S RICHTIG

(Answer Key for Zu Hause)

SCHRITT 1

1. Fräulein
2. Herr
3. Frau
4. Es geht mir gut.
5. Guten Tag!
6. Auf Wiedersehen!
7. Wie geht's?
   Wie geht es Ihnen?
8. Ich heiße Max.
   Mein Name ist Max.
9. Wie heißen Sie?
10. Danke!

SCHRITT 2

1. der Bleistift, -e
2. das Buch, -̈er
3. die Farbe, -n
4. die Tür, -en
5. auf deutsch
6. gelb
7. ich bin
8. lesen
9. hören
10. Was ist das?

SCHRITT 3

1. Der Pullover, -
2. das Hemd, -en
3. die Bluse, -n
4. der Mantel, -̈
5. gehen
6. verstehen
7. groß
8. langsam
9. kurz
10. Ich weiß nicht.

SCHRITT 4

1. eine Mark
2. Was kosten...?
3. Das kostet...?
4. brauchen
5. zählen
6. öffnen
7. hundert
8. tausend
9. heute
10. wie viele

SCHRITT 5

1. der Tag, -e
2. der Monat, -e
3. das Wetter
4. die Woche, -n
5. das Jahr, -e

6. Es ist schön.
7. nicht wahr?
8. Es regnet.
9. wirklich
10. Ich finde es kalt.

SCHRITT 6

1. die Uhr, -en
2. die Zeit, -en
3. die Vorlesung, -en
4. ich habe
5. Tennis spielen

6. essen
7. fertig
8. Wie spät ist es?
9. jetzt
10. Bitte schön!

KAPITEL 1

A. 1. das Sommerwetter   *summer weather*
   2. die Muttersprache   *mother tongue*
   3. der Bergsee   *mountain lake*
   4. das Bilderbuch   *picture book*
   5. die Kinderkleidung   *children's clothes*
   6. der Stadtteil   *city district*
   7. der Wintermantel   *winter coat*
   8. das Nachbarkind   *neighbor's child*
   9. der Stadtmensch   *city person*
  10. die Vaterstadt   *home town*

B. 1. mir
  2. habe
  3. aus
  4. Österreicher
  5. Deutsch

6. auf
7. Hauptstadt
8. liegt
9. im
10. in 5 Minuten

C. 1. Liechtenstein ist ein Land in Europa.
  2. Es liegt westlich von Österreich und östlich von der Schweiz.
  3. Da wohnen ungefähr 24.000 Menschen.
  4. Es hat nur eine Stadt.
  5. Die Stadt heißt Vaduz.
  6. Es ist die Hauptstadt.
  7. Die Liechtensteiner sprechen Deutsch.

D. A. die BRD   a. die Oder   1. Hamburg
   B. die DDR   b. die Elbe   2. Berlin
   C. Dänemark   c. der Rhein   3. Wien
   D. Polen   d. der Main   4. München
   E. die Tschechosloswakei   e. die Donau   5. Bern
   F. Österreich   6. Regensburg
   G. Liechtenstein   7. Frankfurt
   H. die Schweiz   8. Bonn
   I. Frankreich
   J. Luxemburg
   K. Belgien
   L. Holland

KAPITEL 2

A. 1. der Schuh, die Schuhe; er   7. braun
   2. der Bruder, die Brüder; er   8. grün
   3. die Familie, die Familien; sie   9. kosten
   4. das Wetter; es   10. beginnen
   5. die Butter; sie   11. trinken
   6. das Land, die Länder; es   12. bringen

B. 1. ein Geschäft   6. der   11. ein Stück
   2. es   7. den   12. Er
   3. aber   8. etwas   13. keinen
   4. habe   9. ein paar
   5. Was   10. ein

C. 1. Wir gehen durchs Kaufhaus.
   2. Da gibt es Jacken und Mäntel. Sie sind billig.
   3. Was hast du gegen den Mantel?
   4. Ich brauche keinen Mantel, und ich möchte keine Jacke.
   5. Ich möchte eine Tasse Kaffee, ohne Zucker.
   6. Was für Kuchen möchtest du? -- Käsekuchen, natürlich!

D.

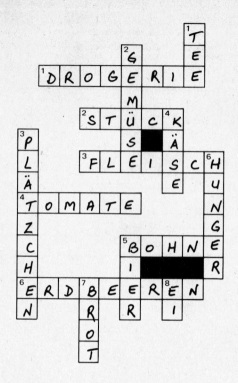

KAPITEL 3

A. 1. *old*   a / o   5. *east*   o / ea
      cold   *bean*
      long

   2. *tea*   ee / ea   6. *good*   u / oo
      sea   *book*
                                 noodle

   3. *beer*   ie / ee   7. *soup*   u / ou
      knee   *young*

   4. *summer* o / u
      sun
      uncle

B. 1. aus   5. Zum   9. Um
   2. seit   6. Nach   10. nach
   3. bei   7. zur   11. ein Glas
   4. ißt   8. das   12. eine Tasse

C. 1. Der Ober gibt Alex die Speisekarte.
   2. Alex liest die Speisekarte und nimmt Reis mit Huhn.
   3. Er ißt auch etwas Salat und trinkt ein Glas Wein.
   4. Zum Nachtisch empfiehlt der Ober Schokoladenpudding.
   5. Das Restaurant gefällt dem Studenten.

D. 1. der Teller, -   5. die Tasse, -n   9. der Pfeffer
   2. die Gabel, -n   6. das Glas, -̈er   10. die Milch
   3. das Messer, -   7. die Flasche, -n   11. der Zucker
   4. der Löffel, -   8. das Salz   12. die Blume, -n

KAPITEL 4

A. 1. Buch   k / ch   5. zwei   t / z
      Kuchen   zehn
      Milch   Zeit
      machen   Salz

   2. dick   th / d   6. richtig   gh / ch
      dünn   Nachbar
      Bruder   acht
      danken   Tochter

   3. Pfund   p / pf   7. gut   d / t
      Pfeffer   laut
      Pfennig   kalt
      Apfel   Tür

   4. Wasser   t / ss, ß
      heiß
      weiß
      groß

B. 1. hat...gehabt   8. haben...getrunken
   2. ist...geworden   9. (haben)...gegessen
   3. sind...gewesen   10. sind...geblieben
   4. sind...gekommen   11. hat...geöffnet
   5. haben...gratuliert   12. haben...gesungen
   6. hat...bekommen   13. ...getanzt
   7. haben...geschenkt   14. hat...gemacht

259

C. 1. Alexander sagt, daß er zu Weihnachten nach Hause fährt.
   2. Ich gehe zum Supermarkt, bevor ich nach Hause komme.
   3. Kommt ihr, wenn Katharina Geburtstag hat?
   4. Obwohl das Restaurant sehr gut ist, ist es nicht teuer.
   5. Wenn du fertig bist, spielst du Tennis.
   6. Sie fragt, ob er Deutsch gesprochen hat.
   7. Weil wir müde gewesen sind, haben wir nicht getanzt.

D.

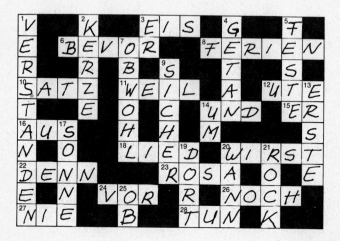

KAPITEL 5

A. 1. j   *pants*   8. g   *meat*
   2. m   *blackboard*   9. d   *cathedral*
   3. i   *fall*   10. b   *lady*
   4. n   *time*   11. h   *bottle*
   5. e   *parents*   12. k   *coat*
   6. o   *far*   13. c   *table*
   7. f   *to drive, go*   14. a   *flower*

260

B. 1. Tage   7. kann   13. ihr
    2. in der Nähe vom 8. sondern   14. soll
    3. Euch   9. zu   15. mir
    4. nach Hause   10. mir   16. Euch
    5. könnt   11. wollen
    6. mir   12. möchte

C. 1. Heute wollen wir durch die Stadt bummeln.
    2. Ich will nicht mit dem Bus fahren, sondern zu Fuß gehen.
    3. Ich muß zur Post gehen.
    4. Wir können mit Steffen einkaufen gehen, wenn er aus der Mensa kommt.
    5. Hier gibt es ein Schloß und einen Schloßpark.
    nst du mir sagen, ob es heute offen ist?

D. 1. c   5. q   9. m   13. a   17. h
    2. i   6. e   10. o   14. b   18. l
    3. d   7. f   11. j   15. t   19. p
    4. r   8. g   12. n   16. s   20. k

E. A. Ungarn   a. die Donau   1. Wien
    B. Jugoslawien   b. die Mur   2. Graz
    C. Italien   c. die Drau   3. Linz
    D. die Schweiz   d. der Inn   4. Salzburg
    E. Liechtenstein   e. der Bodensee   5. Innsbruck
    F. die BRD   f. der Wörther See   6. Bregenz
    G. die Tschechoslowakei g. der Neusiedler See 7. Klagenfurt
                           h. der Gr. Glockner
                           i. der Brenner Paß

KAPITEL 6

A.   1. Atmosphä're   11. Universität'
     2. Biologie'   12. Zen'trum
     3. Bibliothek'   13. diskutie'ren
     4. Dialekt'   14. reservie'ren
     5. Information'   15. studie'ren
     6. Konsulat'   16. demokra'tisch
     7. Medizin'   17. interessant'
     8. Muse'um   18. privat'
     9. Republik'   19. su'permodern'
    10. Thea'ter   20. ty'pisch

261

B. 1. Wohin fahrt ihr im Sommer?
   2. Ich fahre in die Schweiz, weil mein Bruder in der Schweiz lebt.
   3. Wir können im See schwimmen oder in den Wald gehen.
   4. Kennen Sie Hermann?
   5. Wissen Sie, wo er arbeitet?
   6. Ich denke, in dem Geschäft zwischen der Drogerie und dem Supermarkt.

C. 1. Stellen Sie die Teller in die Küche!
   2. Legt den Teppich ins Wohnzimmer!
   3. Wohin soll ich das Bild hängen?
   4. Ich weiß nicht. Häng es über das Sofa!
   5. Wo ist das Bad? Gehen Sie in den Flur! Es ist neben dem Schlafzimmer.

D. 1. zehn
   2. Schleswig-Holstein
   3. Hamburg
   4. Bremen
   5. Niedersachsen
   6. Nordrhein-Westfalen
   7. Hessen
   8. Rheinland-Pfalz
   9. Saarland
  10. Baden-Württemberg
  11. Bayern
  12. Berlin
  13. Westdeutschland
  14. Städte
  15. Baden-Württemberg
  16. Bayern
  17. Hessen
  18. Baden-Württemberg
  19. Bayern
  20. Schleswig-Holstein

KAPITEL 7

A. 1. a. das Reisewetter — *travel weather*
      b. der Duschvorhang, ̈-e — *shower curtain*
      c. das Kaufhaus, ̈-er — *department store*
      d. das Kochbuch, ̈-er — *cookbook*
      e. die Leseecke, -n — *reading corner or niche*
      f. der Liegestuhl, ̈-e — *lounge chair*
      g. der Parkplatz. ̈-e — *parking lot*
      h. die Tanzstunde, -n — *dance class*
      i. die Tragetasche, -n — *tote bag*
      j. das Wechselgeld — *change*

   2. a. Alt/stadt — *old (part of the) town*
      b. Fertig/haus — *prefabricated house*
      c. Frei/zeit — *leisure time*
      d. Früh/stück — *breakfast*
      e. Klein/geld — *change*
      f. Kühl/schrank — *refrigerator*
      g. Normal/post — *regular mail*
      h. Sauer/braten — *marinated pot roast*
      i. Schnell/weg — *express route*
      j. Weiß/brot — *white bread*

262

B. 1. Karl, bitte schreib deine Hausnummer auf! Ich will morgen meinen Scheck vorbeibringen.
2. Geht ihr heute aus? Ja, wir wollen unsere Freunde besuchen.
3. In welchem Hotel übernachten wir? In der Pension gegenüber vom Bahnhof.
4. Weißt du, wann das Geschäft aufmacht? Dieses Geschäft macht um 10 Uhr auf.
5. Ich möchte meine Rechnung bezahlen. Hier ist mein Reisescheck.
6. Darf ich Ihren Ausweis oder Ihren Paß sehen?

C. 1. Soll ich dein Gepäck in dein Zimmer bringen?
2. Für welche Tür ist dieser Schlüssel?
3. Ist er für alle Türen, auch für diesen Eingang?
4. Wißt ihr eure Zimmernummer?
5. Wir nehmen unsere Schlüssel mit, weil manche Hotels um 11 Uhr zumachen.

D.

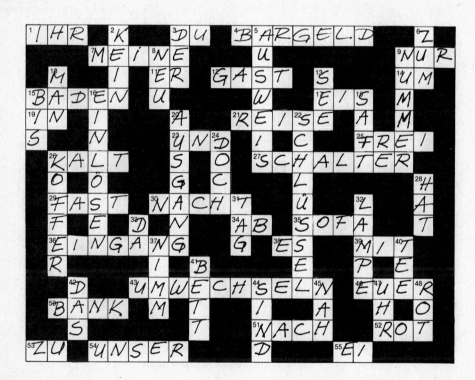

KAPITEL 8

A. 1. Erbsensuppe   *pea soup*
    2. Tomatensalat   *tomato salad*
    3. Blumengeschäft   *florist, flower shop*
    4. Straßennahme   *street name*
    5. Wochenende   *weekend*
    6. Hosentasche   *pants pocket*
    7. Fahrkartenschalter   *ticket counter*
    8. Studentenheim   *student dorm*
    9. Kinderzimmer   *children's room*
   10. Jahreszeit   *season*
   11. Mittagspause   *lunch break*
   12. Abfahrtszeit   *departure time*
   13. Jugendherbergsausweis   *youth hostel I.D. card*
   14. Übernachtungsmöglichkeit   *place to spend the night*

B. 1. Margaret, schick den Jungen mit dem Paket zur Post!
    2. Das Flugzeug soll um 16 Uhr in Düsseldorf ankommen.
    3. Dort besuchen wir den Bruder meiner Mutter.
    4. Fahrt ihr am Abend mit dem Zug weiter?
    5. Warum du nicht mit dem Zug fährst, kann ich nicht verstehen.
    6. Statt einer Autofahrt mache ich gern eine Zugreise.

C. 1. Während unserer Ferien fahren wir mit dem Zug in die Schweiz.
    2. Unterwegs besuchen wir den Freund meines Vaters.
    3. Ich kenne diesen Herrn nicht, aber ich weiß, daß er in Bern wohnt.
    4. Wir müssen in Basel umsteigen.
    5. Wegen meiner Schule können wir heute nicht abfahren. Aber wir fahren
       übermorgen ab.

D. 1. d   4. a
    2. d   5. a
    3. a   6. b

E. A. die BRD   a. der Rhein   1. Bern
    B. Österreich   b. die Aare   2. Basel
    C. Liechtenstein   c. die Rhone   3. Zürich
    D. Italien   d. Matterhorn   4. Luzern
    E. Frankreich   e. die Jungfrau   5. Altdorf
                        f. Vierwaldstätter See   6. St. Gallen
                        g. Züricher See   7. Davos
                        h. Genfer See   8. St. Moritz
                        i. Lago Maggiore   9. Locarno
                        j. St. Gotthard Tunnel 10. Zermatt
                                                11. Lausanne
                                                12. Genf

KAPITEL 9

A. 1. a. <u>adj.</u>   to take time off   f. <u>adj.</u>   to clean
      b. <u>prep.</u>   to eat up   g. <u>prep.</u>   to pay out
      c. <u>prefix</u>   to hold back   h. <u>prefix</u>   to let in
      d. <u>noun</u>   to stand on one's head i. <u>noun</u>   to bicycle
      e. <u>verb</u>   to come to a stop   j. <u>adj.</u>   to finish

   2. a. einpacken   f. vorbeifahren
      b. auspacken   g. mitschicken
      c. aufhalten   h. zurückgeben
      d. hereinlassen   i. zurückfliegen
      e. nachlaufen   j. zubleiben

B. 1. -es   6. -en   11. -e
   2. -e   7. -en   12. -en
   3. -en   8. -en   13. -en
   4. -es   9. -er   14. -es
   5. -en   10. -e

C. 1. Hast du Lust, Fußball zu spielen?
   2. Nein, ich fühle mich nicht wohl. Ich habe Bauchschmerzen.
   3. Du sitzt zu viel und hältst dich nicht fit.
   4. Ich setze mich in den Garten und lese ein Buch.
   5. Warum rufst du nicht Willi an? Vielleicht hat er Zeit, mit dir
      Fußball zu spielen.

D. 1. (Ost-)Berlin   5. Thüringer   9. Saale
   2. Spree   6. Elbe   10. Mulde
   3. Havel   7. Erfurt   11. 15
   4. Oder   8. Jena

KAPITEL 10

A. 1. Skilaufen
   2. Einkaufen, Putzen, Waschen, Kochen
   3. Laufen, Wandern, Schwimmen
   4. Lesen, Photographieren, Klavierspielen, Fernsehen

B. 1. Ich höre mir gern schöne Platten an.
   2. Interessierst du dich für moderne oder klassische Musik?
   3. Er spricht immer von großen Reisen.
   4. Er sammelt deutsche und amerikanische Briefmarken.
   5. Was kann man mit alten Briefmarken machen?
   6. Die Hobbys vieler Leute sind interessant.

C. 1. Habe ich euch von heute abend erzählt?
   2. Christiane und ich gehen ins Theater.
   3. Ich freue mich darauf. Ich liebe spannende Krimis.
   4. Ich habe teuere Karten gekauft. Wir haben ausgezeichnete Plätze.
   5. Interessierst du dich fürs Theater? Was hältst du davon?
   6. Bitte erzähl(e) mir morgen von dem Stück.

D. 1. Nachrichten   7. Gesundheit
   2. Südamerika   8. acht
   3. Tanz- und Unterhaltungsmusik   9. Nachrichten
   4. Internationale Presse   10. Oper
   5. neue Bücher   11. Mittwoch
   6. Platten

KAPITEL 11

A. 1. a. ruhig   f. glücklich
      b. lustig   g. musikalisch
      c. täglich   h. phantastisch
      d. freundlich   i. wunderbar
      e. sportlich   j. furchtbar

   2. a. *edible*   j. *concerning business*
      b. *legible*   k. *motherly*
      c. *washable*   l. *hungry*
      d. *grateful*   m. *salty*
      e. *audible*   n. *icy*
      f. *hourly*   o. *sleepy*
      g. *festive*   p. *typical*
      h. *questionable*   q. *by telephone*
      i. *by letter*   r. *playful*

B.
1. lebte
2. erzählte
3. ging
4. brachte
5. sagte
6. machte...zu
7. wußte
8. saß
9. weinte
10. kam...herein

11. fragte
12. nahm
13. hörte...auf
14. freute
15. brachte
16. gab
17. hatte
18. waren
19. heiratete
20. bekam(en)

21. kam
22. wollte
23. dachte
24. lachte
25. tanzte
26. sang
27. machte
28. besuchte
29. wurde
30. rannte

C.
1. Wann heiraten sie?
2. Ich weiß nicht wann.
3. Ich frage sie, wenn sie kommen.
4. Als sie am Wochenende hier waren, haben sie nichts gesagt.
5. Ich hatte gerade die Zähne geputzt, als sie mit einem Kuchen nach Hause kam.
6. Hattest du lange auf ihn gewartet?

D.
1. Sie haben sich am 23. März verlobt.
2. Sie waren drei Monate verlobt.
3. Sie haben am 21. Juni geheiratet.
4. Vorher hieß sie Bingel, und jetzt heißt sie Stoll.
5. Vorher haben sie in Bonn und Köln gewohnt; jetzt wohnen sie in Frankfurt.

KAPITEL 12

A.
1. a. die Kürze
   b. die Wärme
   c. die Kälte

   d. die Nähe
   e. die Weite
   f. die Größe

2. a. die Sicherheit
   b. die Dummheit
   c. die Gesundheit

   d. die Krankheit
   e. die Schönheit
   f. die Faulheit

3. a. die Gemütlichkeit
   b. die Möglichkeit
   c. die Freundlichkeit

   d. die Sauberkeit
   e. die Traurigkeit
   f. die Häßlichkeit

267

B. 1. interessant
   2. größten
   3. wichtigste
   4. nächsten
   5. interessantesten
   6. schlechter
   7. weniger
   8. teuerer
   9. schwerer
   10. kürzer
   11. billiger
   12. näher
   13. besser
   14. gesündeste
   15. tollsten
   16. furchtbarste
   17. größte
   18. älteste
   19. bekannteste
   20. teuerste
   21. offener
   22. freundlicher
   23. gemütlicher
   24. ruhig
   25. lieber

C. 1. An das Wetter wirst du dich gewöhnen.
   2. Dort wird man eine bessere Zukunft haben.
   3. Ich werde mit dem Herrn sprechen.
   4. Als Wissenschaftler wirst du weniger verdienen, aber die Arbeit wird interessanter sein.
   5. Ihr werdet auch mehr Verantwortung haben.
   6. Das wird euch gefallen.

D. 1. 1855
   2. weniger
   3. mehr
   4. wie
   5. am meisten
   6. immer
   7. -- (-er)
   8. -er
   9. -er
   10. öfter

KAPITEL 13

A. 1. a. der Denker   *thinker*   f. der Sammler   *collector*
      b. der Finder   *finder*   g. der Skiläufer   *skier*
      c. der Fußgänger   *pedestrian*   h. der Sprecher   *speaker*
      d. der Hörer   *listener*   i. der Träumer   *dreamer*
      e. der Leser   reader

   2. a. die Bedeutung   *meaning*
      b. die Bestellung   *order*
      c. die Bezahlung   *payment*
      d. die Einladung   *invitation*
      e. die Empfehlung   *recommendation*
      f. die Entschuldigung   *excuse*
      g. die Erklärung   *explanation*
      h. die Landung   *landing*
      i. die Wiederholung   *repetition*

B. 1. wäre
    2. könntest
    3. wären
    4. hätten
    5. übernachten würdet
    6. müßtet
    7. würden...bestellen
    8. würde...nehmen
    9. würdet...interessieren
    10. müßtet
    11. würde...machen
    12. wäre
    13. sähen
    14. sollten
    15. wäre
    16. könnten
    17. möchtet
    18. hätten
    19. hättet
    20. wüßten

C. 1. Sie sollten an die Zukunft denken, Fräulein Wolf.
    2. Ich wünschte, ich wüßte, wo Peter ist.
    3. Was würde geschehen, wenn wir heute nicht führen?
    4. Je früher du kommst, desto mehr können wir sehen.
    5. Könntet ihr uns bitte einen Brief schreiben?

D. 1. Wenn ich die Stelle akzeptieren würde, würde ich ein extra
    Monatsgehalt bekommen. 2. Dann hätte ich nicht nur zwölf Schecks im
    Jahr, sondern dreizehn. 3. Zu Weihnachten würden sie mir einen Bonus
    geben. 4. Das wäre prima. 5. Mit der gleitenden Arbeitszeit hätte
    ich eine bestimmte Stundenzahl pro Woche. 6. Es wäre egal, wann ich
    morgens anfangen würde. 7. Es wäre auch egal, wie oft ich Pausen
    machen würde. 8. Ich wäre einfach so viele Stunden pro Woche im
    Büro. 9. Hildesheim wäre nicht weit von euch. 10. Das würde mir
    gefallen.

KAPITEL 14

A. 1. a. der Anfang *beginning*   3. a. helfen   *help*
       b. der Kauf   *purchase*   b. teilnehmen *participation*
       c. der Dank   *thanks*   c. sprechen   *language*
       d. der Tanz   *dance*   d. waschen   *laundry*
       e. der Sitz   *seat*   e. fliegen   *flight*
       f. der Anruf *call*   f. wünschen   *wish*
                                          g. grüßen   *greeting*
    2. a. die Bitte *request*   h. wechseln   *change*
       b. die Dusche *shower*
       c. die Liebe *love*
       d. die Miete *rent*
       e. die Rede   *speech*
       f. die Suche *search*

B. 1. der   5. dessen   9. die   13. die
    2. das   6. der   10. den   14. die
    3. den   7. die   11. der   15. dessen
    4. dem   8. der   12. der   16. deren

269

C. 1. Der König fragte, wo Mendelssohn wäre.
2. Der Diener antwortete, das wüßte er nicht.
3. Der König meinte, das wäre typisch für die Philosophen. Wenn sie hinter ihren Büchern säßen, würden sie alles vergessen.
4. Er sagte dem Diener, er sollte ihm ein Stück Papier bringen.
5. Darauf schrieb er, Mendelssohn wäre ein Esel.
6. Dann sagte er dem Diener, er sollte es auf Mendelssohns Platz legen.
7. Der König fragte Mendelssohn, ob er nicht sagen wollte, was auf dem Papier stünde.
8. Mendelssohn antwortete, er wollte das gern tun.
9. In dem Brief Stand, Mendelssohn wäre EIN Esel und Friedrich der ZWEITE.

KAPITEL 15

A. 1. a. *hausfrau*
    b. *gesundheit*
    c. *yodel(ing)*
    d. *strudel*
    e. *zwieback*
    f. *dachshund*
    g. *frankfurter, wiener*
    h. *kaputt*
    i. *ersatz*
    j. *prosit*

2. --

B. 1. b   6. b
  2. c   7. a
  3. a   8. d
  4. c   9. c
  5. d   10. d

C. 1. Warum wurde das geändert?
2. Das kann leicht erklärt werden.
3. Was werden sie jetzt tun?
4. Es wird schon dunkel.
5. Es ist noch nicht abgerissen worden.
6. Ich werde Rechtsanwalt.

D. 1. ist aufgenommen worden   *was taken*
2. sind gekrönt worden   *were crowned*
3. es wurde gefeiert   *there was celebrating*
4. wurde gebraten   *was roasted*
5. gewählt wurde   *was elected*
6. sind zerstört worden   *were destroyed*
7. sind restauriert worden   *have been restored*
8. gekrönt wurden   *were crowned*
9. (es) wird geheiratet   *people are getting married*

Simplify your life with Speedpass.

Weekday to weekend, you are constantly on the move. That's why there's *Speedpass.*™ It's more convenient than cash and faster than a credit card, because Speedpass lets you pay for gas, food, and other items without ever slowing down to reach for your wallet or purse. Plus, *Speedpass* is free and links directly to a major credit or check card you already have. To get yours, enroll online at speedpass.com or call toll free 1-87-SPEEDPASS (1-877-733-3727). Everything in life should be this easy. Speedpass gets you in, out, and on your way. How do we know? We're drivers too.

We're drivers too.

Make every tankful count for college.

You need gas. So why not save for college every time you do? ExxonMobil is working with Upromise to help you save for college. You can join for FREE at <u>upromise.com/xom17</u> and register your check card or credit card. Then every time you buy gas at an Exxon or Mobil location with the card registered with Upromise, ExxonMobil will contribute toward your child's college education. And be sure to link that same card to your *Speedpass.*™ That way, all your Speedpass gasoline purchases can contribute to your Upromise account. If you don't have a Speedpass device, you can get one, free. Just go to <u>speedpass.com</u> or call toll free 1-87-SPEEDPASS (1-877-733-3727). Upromise is an easy way to help you save for your child's education. How do we know you'd like to make every tankful count? We're drivers too.

We're drivers too.

Welcome

Dear Traveler,

Since its inception in 1958, Mobil Travel Guide has served as a trusted advisor to auto travelers in search of value in lodging, dining, and destinations. Now in its 47th year, the Mobil Travel Guide is the hallmark of our ExxonMobil family of travel publications, and we're proud to offer an array of products and services from our Mobil, Exxon, and Esso brands in North America to facilitate life on the road.

Whether you're looking for business or pleasure venues, our nationwide network of independent, professional evaluators offers their expertise on thousands of travel options, allowing you to plan a quick family getaway, a full-service business meeting, or an unforgettable Mobil Five-Star celebration.

Your feedback is important to us as we strive to improve our product offerings and better meet today's travel needs. Whether you travel once a week or once a year, please take the time to contact us at www.mobiltravelguide.com. We hope to hear from you soon.

Best wishes for safe and enjoyable travels.

Lee R Raymond

Lee R. Raymond
Chairman and CEO
Exxon Mobil Corporation

A Word to Our Readers

Travelers are on the roads in great numbers these days. They're exploring the country on day trips, weekend getaways, business trips, and extended family vacations, visiting major cities and small towns along the way. Because time is precious and the travel industry is ever-changing, having accurate, reliable travel information at your fingertips is critical. Mobil Travel Guide has been providing invaluable insight to travelers for more than 45 years, and we are committed to continuing this service well into the future.

The Mobil Corporation (known as Exxon Mobil Corporation since a 1999 merger) began producing the Mobil Travel Guide books in 1958, following the introduction of the US interstate highway system in 1956. The first edition covered only five Southwestern states. Since then, our books have become the premier travel guides in North America, covering all 50 states and Canada.

Since its founding, Mobil Travel Guide has served as an advocate for travelers seeking knowledge about hotels, restaurants, and places to visit. Based on an objective process, we make recommendations to our customers that we believe will enhance the quality and value of their travel experiences. Our trusted Mobil One- to Five-Star rating system is the oldest and most respected lodging and restaurant inspection and rating program in North America. Most hoteliers, restaurateurs, and industry observers favorably regard the rigor of our inspection program and understand the prestige and benefits that come with receiving a Mobil Star rating.

The Mobil Travel Guide process of rating each establishment includes:

○ Unannounced facility inspections

○ Incognito service evaluations for Mobil Four-Star and Mobil Five-Star properties

○ A review of unsolicited comments from the general public

○ Senior management oversight

For each property, more than 450 attributes, including cleanliness, physical facilities, and employee attitude and courtesy, are measured and evaluated to produce a mathematically derived score, which is then blended with the other elements to form an overall score. These quantifiable scores allow comparative analysis among properties and form the basis that we use to assign our Mobil One- to Five-Star ratings.

This process focuses largely on guest expectations, guest experience, and consistency of service, not just physical facilities and amenities. It is fundamentally a relative rating system that rewards those properties that continually strive for and achieve excellence each year. Indeed, the very best properties are consistently raising the bar for those that wish to compete with them. These properties proactively respond to consumers' needs even in today's uncertain times.

Only facilities that meet Mobil Travel Guide's standards earn the privilege of being listed in the guide. Deteriorating, poorly managed establishments are deleted. A Mobil Travel Guide listing constitutes a positive quality recommendation; every listing is an accolade, a recognition of achievement. Our Mobil One- to Five-Star rating system highlights its level of service. Extensive in-house research is constantly underway to determine new additions to our lists.

○ The Mobil Five-Star Award indicates that a property is one of the very best in the country and consistently provides gracious and courteous service, superlative quality in its facility, and a unique ambience. The lodgings and restaurants at the Mobil Five-Star level consistently and proactively respond to consumers' needs and continue their commitment to excellence, doing so with grace and perseverance.

○ Also highly regarded is the Mobil Four-Star Award, which honors properties for outstanding achievement in overall facility and for providing very strong service levels in all areas. These